MATERIAL COMPLEMENTARIO DE E/LE
NIVEL ELEMENTAL–INTERMEDIO

CONVERSEMOS EN CLASE

MARÍA ROSA LÓPEZ LLEBOT
GLÒRIA LÓPEZ LLEBOT

A María José Hernández
Gracias por hacerme caso.

© María Rosa López Llebot
Glòria López Llebot

© Editorial Edinumen

Teléf: 91 308 51 42 - 91 319 85 37
Fax: 91 319 93 09
e-mail: edinumen@edinumen.es
Internet: http://www.edinumen.es
Piamonte, 7 - 28004-Madrid
I.S.B.N.: 84-95986-35-3

Depósito Legal: M-53.257-2 003
Diseño y maquetación: Susana Fernández y Juanjo López
Imprime: Gráficas Glodami. Coslada (Madrid)

ÍNDICE

INTRODUCCIÓN

CONVERSEMOS EN CLASE es un trabajo pensado para desarrollar clases de expresión oral en los niveles elemental e intermedio de español como lengua extranjera. Se incluyen más de 60 temas distintos, siempre intentando interesar, provocar, divertir y distraer.

Cronológicamente, **CONVERSEMOS EN CLASE** es una continuación de **HABLEMOS EN CLASE**, trabajo destinado a alumnos de cursos avanzados que, para satisfacción nuestra, obtuvo una acogida excelente. Así, entre las dos obras suman más de 110 temas distintos y complementarios.

LA NECESIDAD Y EL PLACER

La expresión oral puede considerarse desde dos aspectos distintos: la necesidad y el placer. En el primer caso, la expresión oral media en:

- La consecución de bienes que garantizan la vida: *Dame un trozo de pan* (en peticiones), *Quiero encargar un pastel de cumpleaños* (en encargos).
- La consecución de información útil: *¿Cómo se va a X?*
- La consecución de ayuda: *¡Socorro, la casa está ardiendo!*
- La defensa de los propios derechos: *Ahora me toca a mí, no se cuele.*
- Las formas de cortesía: *Gracias, es usted muy amable. ¡Hola! ¿Cómo estás? Perdone, ¿puedo pasar?*
- La imposición de la propia voluntad: *¿Y si vamos al teatro en vez de al cine, como teníamos pensado desde hace dos semanas?* (sugerencias). *Si se lo dices a mi madre, no te vuelvo a hablar más* (en amenazas). *Esto se hace así porque lo digo yo* (en órdenes). *Te he dicho mil veces que bebas en vaso* (al reñir a alguien).
- El desahogo ante las ofensas o la indignación: *¡Eres tonto!* (muchos insultos desempeñan esta función).

...

Los manuales de curso suelen incidir sobre los aspectos necesarios de la comunicación, y es lógico que así sea por su importancia y su dificultad (nótese la abundancia de formas fijas en los ejemplos anteriores).

Sin embargo, en otras ocasiones, el hablante habitual de una lengua se expresa como persona que opina y que siente, que quiere conocer el mundo, lo que pasa a

➡

otras personas, lo que los demás piensan de él y, al mismo tiempo, darse a conocer como ser original a través de sus convicciones y de sus actitudes.

En muchos estudiantes, cuando preguntamos por qué se decidieron en su momento a estudiar una lengua extranjera, la primera respuesta suele ser *no lo sé*. Tras unos instantes de reflexión, se menciona el peso de los idiomas extranjeros para acceder a determinados trabajos, y también el interés por conocer a personas de otros países, otras maneras de pensar y de ver el mundo. El componente cultural y el deseo de abrirse al mundo suelen ser fundamentales y, en buena medida, se ocultan tras el inicial *no lo sé*. Se puede tomar ese interés y canalizarlo de forma constructiva, precisamente en las clases de expresión oral.

EL PAPEL DE LA CONVERSACIÓN

Los ejercicios de expresión oral en su vertiente más libre, la conversación, son un medio imprescindible para un aprendizaje óptimo de una segunda lengua. Conviene detenerse un instante y analizar qué utilidad tiene la expresión oral centrada en la conversación:

- Se adquieren estrategias para intervenir: el sentido de la oportunidad, a negociar, a transigir... Es decir, a conversar se aprende conversando.
- El alumno se hace dueño de la palabra: todo lo aprendido hasta ese momento encuentra un sitio lógico y natural. Los ejercicios tediosos y los temas gramaticales imposibles, de repente adquieren sentido.
- Sin duda, la capacidad de hablar en una lengua es el objetivo primordial de la mayoría de nuestros alumnos. Cada pequeño triunfo en este terreno motiva al alumno para seguir estudiando con mayor ahínco, y a veces ayuda a definir intereses concretos.
- Con la práctica se gana fluidez. En el acto de hablar, el ritmo es fundamental en una situación real. Hablar demasiado lento hace sufrir a nuestro interlocutor, que intenta suplir nuestras carencias imaginando y anticipando las ideas que seguirán; a veces, el interlocutor llega incluso a expresar esas ideas en nuestro lugar, con el consiguiente entorpecimiento del discurso si no era eso lo que queríamos decir.
- La fluidez que se adquiere mediante la conversación mejora el pensamiento que la apoya y alimenta. Y, si el pensamiento en la lengua estudiada es fluido, también mejora la expresión escrita.
- Se establecen relaciones personales más estrechas con los compañeros; esa proximidad personal es un buen estímulo para asistir a clase con regularidad. Por otro lado, mayor confianza entre quienes conversan da pie a discursos más reales, personales e interesantes.

LA CONVERSACIÓN COMO ACTIVIDAD DE CLASE

Con los ejercicios de expresión oral basados en la conversación, tomamos una actividad cotidiana y la convertimos en un medio pedagógico, sin embargo, no hay que olvidar que la clase es un entorno concreto y que, en realidad, planteamos un ejercicio. Por eso, las actividades basadas en la conversación se guían por estos principios:

- Al fin y al cabo, el alumno acude a clase para aprender, eso significa escoger actividades adaptadas a un nivel.
- Por supuesto, al abordar un tema, no se trata de ser indiscreto u ofensivo, y hay que respetar lo que cada cual está dispuesto a explicar de sí mismo. No debe preguntarse al alumno sobre cuestiones demasiado personales, sí sobre opiniones generales, hipótesis y actividades habituales.
- En la conversación, una cosa lleva a otra: muchas veces se empieza por una trivialidad y se acaba hablando de la vida, la muerte y el Más Allá. En este punto es necesario valorar qué pesa más: los contenidos programados o una conversación real. El material de partida hay que tomarlo siempre como un "rompehielo".
- En tanto que se trata de ejercicios, es necesario establecer turnos de palabra: esto determina un ritmo y es una excusa magnífica para que todos intervengan, hasta los más tímidos. Todos los alumnos deben hablar, tanto los de naturaleza habladora como los callados. Esto significa cortar a unos y dar la palabra a otros.
- Es conveniente centrarse en casos concretos; si se plantean cuestiones demasiado generales, el alumno no tiene más remedio que recurrir a: *depende de quién..., depende de cuándo...* Los casos concretos son más claros y se definen a partir de un vocabulario más específico y, en definitiva, más rico.
- No es obligatorio acabar todos los puntos propuestos para guiar la sesión de conversación. Si se considera oportuno, la clase puede retomarse otro día, pero nunca hay que ir con prisas.
- Se permite un tiempo para que cada cual encuentre la mejor manera de expresar sus opiniones: la preparación en casa, unos minutos en clase antes de comenzar la sesión propiamente dicha o el titubeo durante la conversación.
- Es necesario un buen planteamiento de los temas. En realidad, no hay temas buenos ni malos, pero sí enfoques adecuados o inadecuados.

LA FUNCIÓN DEL PROFESOR

La labor del profesor en este caso es más compleja de lo que, en principio, pueda parecer. La sesión sólo será provechosa si el profesor es consciente del valor de la conversación y de cuáles son sus funciones:

- Elegir la actividad más adecuada: el profesor conoce a sus alumnos, cuáles son sus limitaciones y cuáles sus necesidades e intereses.
- Distender el ambiente. Para ello es necesario definir un tono distendido y fran-

co. Hay que aspirar siempre a una conversación informal entre amigos, en la que se permita la espontaneidad y la confianza.

- Ser un moderador, eso incluye: a) no tomar partido por unos o por otros, porque se frena la iniciativa de los alumnos; b) no cortar las discusiones espontáneas, pero sí, en su papel de moderador, guiarlas para que intervenga el máximo número de personas (sólo hay que cortar las discusiones cuando se estancan o si se producen enfrentamientos); c) dar turnos de palabra con igualdad de oportunidades de participación para todos (a muchas personas les gusta escucharse la voz); d) animar la conversación cuando el interés decae (cambiar de cuestión cuando una se ha agotado), y e) estar atento a la dinámica del grupo (observar sus reacciones, apoyarse en las personas más receptivas en los momentos iniciales...).

- No tomar partido no es sinónimo de no participar. El profesor sí puede aportar información: conocimientos más o menos teóricos, casos que conoce, informaciones periodísticas... Al fin y al cabo, el profesor es el mejor modelo que los alumnos tienen a su disposición en clase.

- Insistir en el vocabulario nuevo y en lo que es importante conocer, sobre todo si eso será después tema de examen. El alumno puede no considerar "serias" las clases de expresión oral y descartar los contenidos de éstas como tema de examen. En cualquier caso, es recomendable que nadie se lleve a engaño.

- Ser un buen oyente, es decir, conseguir que el alumno se sienta cómodo hablando y respetado por lo que dice. Para ello, ayuda mantener el contacto visual, unos oportunos *mm* y la expresividad del rostro (demostrar interés, sorpresa o extrañeza). El profesor, con su actitud, debe favorecer el respeto a la opinión de todos.

- Animar a sus alumnos con mensajes de este estilo: *hablar es una tarea difícil, pero gratificante; todo lo nuevo cuesta al principio y nadie nace enseñado...*

- Ayudar a los alumnos en momentos delicados: a veces preguntando con el objeto de ayudar a completar la idea expresada, otras aportando el término que el alumno no encuentra.

- Corregir los errores, aunque no discutiremos aquí cuál es el momento más adecuado para hacerlo.

ABREVIATURAS UTILIZADAS

NIVELES LÉXICOS:

for.	➡ registro formal
pop.	➡ registro popular

CATEGORÍAS GRAMATICALES:

adj.	➡ adjetivo
c.c.	➡ complemento circunstancial
c.c.m.	➡ complemento circunstancial de modo
c.p.	➡ complemento preposicional
loc. adv.	➡ locución adverbial
n.	➡ nombre
o.d.	➡ objeto directo
suj.	➡ sujeto

PRIORIDADES

El ejercicio consiste en presentar una serie de aseveraciones y proponer a los alumnos que las ordenen según un criterio de prioridad. Tras unos minutos (2-3) de reflexión, se discute sobre la opción de la mayoría, se piden argumentos que motiven esa elección, se comparan distintas aseveraciones... Es conveniente comparar las prioridades por partes: comenzar por las primeras opciones de todos, compararlas y pedir razones que las expliquen, y seguir con las últimas opciones e igualmente pedir explicaciones de la falta de importancia de algunos hechos.

Este ejercicio es una excusa para presentar y utilizar un léxico, la mayoría de las veces, simple y de uso muy amplio. Para la elección de algunos temas *(la contaminación de los ríos y el hambre en el mundo)*, puede aprovecharse la actualidad de determinadas noticias para que sirvan de apoyo a los razonamientos elaborados. Otros temas *(las dificultades del español y el buen profesor)* pueden utilizarse para evaluar la marcha normal de las clases, saber qué esperan los alumnos del profesor y cuáles son sus principales dificultades.

El profesor puede añadir o sustituir cualquier réplica, si considera que así las posibilidades de discusión serán mayores.

- **Número de alumnos:** Hasta 12.
- **Preparación previa:** Preparamos una copia de la situación y del vocabulario correspondiente para cada alumno.

DESARROLLO DE LA SESIÓN:

1. Se distribuyen entre los alumnos copias de las aseveraciones de un tema.

2. Se pide a los alumnos que las ordenen según un criterio de prioridad concreto. Para ello se establece un tiempo prudencial de 2-3 minutos.

3. El profesor mantiene un diálogo con sus alumnos a partir de sus prioridades respecto a un tema y de las preguntas propuestas para cada situación.

4. Se distribuyen las copias del vocabulario para recortarlo.

PRIORIDADES VITALES

CRITERIO DE PRIORIDAD: ¿QUÉ ES MÁS IMPORTANTE PARA TI EN LA VIDA?

Casarse

Estudiar una carrera universitaria

Tener una casa cómoda y agradable

Tener hijos

Tener un buen coche

Viajar a países lejanos

Tener un buen trabajo

Tener buenos amigos

Tener unos buenos ahorros

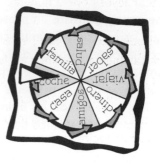

VOCABULARIO:

- **Tener algo** [alguien] (sigue el presente de indicativo).
  ¿Tienes un bolígrafo de sobra? No tengo hijos, pero me gustaría tener uno o dos.

Yo tengo	una cosa, un libro, una carpeta
Tú tienes	dos hijos, tres hijas, buenos amigos
Él tiene	estudios, una carrera, una licenciatura
Nosotros tenemos	15 años, 37 años, 78 años
Vosotros tenéis	paciencia, fe, esperanza, envidia
Ellos tienen	prisa, sueño, suerte, hambre

- **Viajar a algún sitio** [alguien].
  ¿Quieres viajar a Inglaterra?
- **Irse de viaje a algún sitio** [alguien].
  Me voy de viaje a Inglaterra.
- **Un viaje a algún sitio** (c.p. a Turquía, a Bilbao, a Andalucía).

PREGUNTAS ADICIONALES:

– ¿Creéis que todo el mundo piensa como vosotros?

– ¿La generación de vuestros padres piensa igual?

– ¿Por qué ahora se da tanta importancia a...?

– ¿Deseamos siempre lo que no tenemos?

– ¿Valoramos lo que tenemos?

LA CONTAMINACIÓN DE LOS RÍOS

CRITERIO DE PRIORIDAD: ¿QUÉ ES MÁS IMPORTANTE PARA CONSEGUIR RÍOS LIMPIOS?

Hacer leyes contra quienes contaminan

Limpiar los ríos

Repoblar los ríos con peces

Educar bien a los niños en la escuela

Meter en la cárcel a los empresarios que contaminan

Hacer industrias (químicas, metalúrgicas...) limpias

Hacer más plantas purificadoras de agua

Hacer negocios turísticos ecológicos

Castigar con multas muy severas

VOCABULARIO:

- **Hacer algo** [alguien] (sigue el presente de indicativo).
  ¿Qué haces? Hoy he hecho sopa de pescado.

Yo hago	una paella, la cena, galletas
Tú haces	deberes, ejercicios, un resumen
Él hace	novillos, cola
Nosotros hacemos	amigos, enemigos
Vosotros hacéis	fuego
Ellos hacen	aviones de papel, una bufanda de lana

- **Una ley** (=un tipo de norma).
- **Contaminar** [alguien o algo].
  Las industrias químicas contaminan los ríos, el aire y la tierra.
- **Una cárcel** (=lugar para delincuentes).
- **Estar limpio** [algo].
  El suelo está muy limpio, podrías comer en él.
- **Ser limpio** [alguien].
  Luisa es muy limpia: pasa el día limpiando su casa.

PREGUNTAS ADICIONALES:

- ¿Por qué es importante conservar los ríos limpios?
- ¿Qué sectores económicos pueden crecer si los ríos están limpios?
- ¿Por qué contaminan algunas empresas?
- ¿Las leyes están bien hechas?
- ¿Tener ríos limpios puede ser un buen negocio?

EL HAMBRE EN EL MUNDO

CRITERIO DE PRIORIDAD: ¿QUÉ ES MÁS IMPORTANTE PARA ACABAR CON EL HAMBRE EN EL MUNDO?

Enviar alimentos a los países pobres

Crear, en esos países, industria, comercio... riqueza

Ayudar a construir pozos

Consumir más en los países ricos

Enseñar a la gente a leer y a escribir

Acabar las guerras

Enviar a médicos y enfermeras

Perdonar la deuda externa

Vender a los países pobres productos a menor precio

VOCABULARIO:

- **Un alimento** (=algo que podemos comer).
- **La riqueza** (=tener muchas cosas).
- **La pobreza** (=no tener nada).
- **Un pozo** (véase ilustración).
- **Enseñar a alguien a** + infinitivo [alguien].
  ¿Quién te ha enseñado a coser?

PREGUNTAS ADICIONALES:

- ¿Quién tiene la culpa del hambre en muchos países?
- ¿Debemos (nosotros personalmente) sentirnos responsables?
- ¿La gente de los países ricos se preocupa de estos problemas?
- ¿Qué ONG se preocupan del hambre en el mundo?
- ¿Son todas las organizaciones serias?
- ¿Estamos bien informados?

LA SALUD

CRITERIO DE PRIORIDAD: ¿QUÉ ES MÁS IMPORTANTE PARA ESTAR SANO?

Hacer ejercicio moderado dos veces por semana

No comer nunca dulces

Comer frutas, verduras, legumbres, y poca carne

Ser limpio y aseado

No abusar del alcohol

Ir al médico periódicamente

Dormir ocho horas cada día

No fumar

Vivir con calma

VOCABULARIO:

- **Vez** (=en plural es "veces").
- **Un dulce** (=alimentos con azúcar: caramelos, pasteles, bombones).
- **Abusar de algo** [alguien]. *No se debe abusar de la sal.*
- **Dormir** [alguien] (sigue el presente de indicativo). *Ayer dormí más de nueve horas.*

  Yo duermo   8 horas cada día
  Tú duermes   por las tardes
  Él duerme   boca arriba (véase ilustración)
  Nosotros dormimos   boca abajo (véase ilustración)
  Vosotros dormís   en una cama blanda
  Ellos duermen   en el suelo

- **Dormirse** [alguien]. *No puedo dormirme, hace demasiado calor.*

boca arriba   boca abajo

PREGUNTAS ADICIONALES:

- ¿La gente se preocupa por su salud?
- ¿Qué hábitos negativos suele tener la gente de...?
- ¿En la escuela enseñan a los niños hábitos saludables?
- ¿De qué cosas depende estar sano?
- ¿Hay que hacer dieta? ¿Por qué?

LAS DESGRACIAS

CRITERIO DE PRIORIDAD: ¿QUÉ ES PEOR?

Un carterista te roba el dinero que llevas y algunos documentos personales

Se pincha una rueda del coche en una autopista

Has pillado la gripe

Se te rompe el pantalón

Pierdes el autobús y llegas tarde a trabajar

Has perdido las llaves de casa

Una paloma se caga encima de ti

Estás encerrado en un ascensor durante cinco horas

Tienes que entregar un trabajo en clase y lo pierdes en el autobús

VOCABULARIO:

- **Un documento personal:** un carnet de identidad, un pasaporte, un carnet de conducir.
- **Pincharse** [algo].
  La rueda se ha pinchado porque en el suelo había unos cristales.
- **Una carretera** (=un camino asfaltado con uno o dos carriles), una autopista (=un camino asfaltado con cuatro carriles o más).
- **Pillar algo** [alguien] (o.d. una enfermedad) (pop.).
  Cuando era pequeño, pillé una neumonía.
- **Perder algo** [alguien] (sigue el presente de indicativo).
  No sé dónde están mis apuntes: los he perdido.

Yo pierdo	el tiempo, la mañana, la noche
Tú pierdes	dinero, 200 euros, los ahorros
Él pierde	la paciencia, la fe, la esperanza
Nosotros perdemos	5 kg en un mes, 200 g en una semana
Vosotros perdéis	la cabeza
Ellos pierden	las llaves, el bolso, un paraguas

PREGUNTAS ADICIONALES:

- ¿Cuál de estas situaciones se debe a la mala suerte?

- Se puede discutir hasta qué punto algunas situaciones se producen por la irresponsabilidad de quien las sufre, por el miedo al ridículo, por el estrés...

PROFESIONES APASIONANTES

CRITERIO DE PRIORIDAD: ¿QUÉ PROFESIÓN TE PARECE MÁS INTERESANTE?

Médico
Presentador de televisión
Novelista
Presidente del Gobierno
Piloto de avión
Director de cine
Espía
Trapecista
Corresponsal de guerra

VOCABULARIO:

- **Ser algo** [alguien] (sigue el presente de indicativo).
  Soy médico.

Yo soy	sastre/modista, bailarín/bailarina
Tú eres	francés/francesa, sueco/sueca
Él es	inteligente, amable, magrebí
Nosotros somos	sastres/modistas, bailarines/bailarinas
Vosotros sois	franceses/francesas, suecos/suecas
Ellos son	inteligentes, amables, magrebíes

- **Trabajar como algo** [alguien].
  Trabajo como camarero en un bar.

PREGUNTAS ADICIONALES:

- ¿Cuál de estos profesionales gana más dinero? ¿Sabéis cuánto ganan los cargos públicos (alcaldes, ministros...)? ¿Os parece mucho?

- ¿Cuál tiene más prestigio? ¿Creéis más a un médico o al presidente del gobierno?

- ¿Os aprovecharíais de la fama?

- Pueden ponerse ejemplos con películas.

- ¿Cuáles de estas profesiones son para alguien aventurero? ¿Puede haber aventura sin riesgo físico?

- ¿Qué motivos pueden llevar a alguien a trabajar como corresponsal de guerra?

LAS DIFICULTADES DEL ESPAÑOL

CRITERIO DE PRIORIDAD: ¿QUÉ ES MÁS DIFÍCIL DEL ESPAÑOL?

La conjugación de muchos verbos irregulares

Utilizar bien los artículos

Los pronombres de objeto directo e indirecto

Cuándo utilizar el subjuntivo

El género de los nombres

Cuándo usar *ser* o *estar*

Pronunciar bien la jota y la erre

Los gentilicios

Cuándo escribir *ge* o *je*

Hablar en una conversación con españoles

VOCABULARIO:

- **Conjugar algo** [alguien].
  ¿Quién sabe conjugar el verbo ser en presente de indicativo?
- **Utilizar algo** [alguien].
  Normalmente no utilizo lápiz para escribir.
- **Categorías gramaticales**: nombre, pronombre, artículo, verbo, adverbio, conjunción, preposición.

PREGUNTAS ADICIONALES:

– Se pueden comparar las dificultades con el idioma materno de los alumnos y extraer conclusiones.

EL BUEN PROFESOR DE ESPAÑOL

CRITERIO DE PRIORIDAD: ¿QUÉ ES MÁS IMPORTANTE EN UN PROFESOR DE ESPAÑOL?

Manda los ejercicios necesarios para casa: ni muchos ni pocos

Sus clases son interesantes: siempre se aprende algo curioso

Enseña mucha gramática

Sabe mucho español

Es español

Es simpático

Sabe explicarse bien

Es una persona paciente

Hablamos mucho en clase

VOCABULARIO:

- **Mandar algo** [alguien].
  Este profesor manda muchos deberes para casa.
- **Aprender algo** [alguien].
  Estuve tres meses en esa academia y no aprendí inglés.
- **Aprender a** + infinitivo [alguien].
  Aprenda a hablar inglés en tres meses, venga a nuestra academia e infórmese.
- **Enseñar algo** [alguien].
  Javier enseña matemáticas en un colegio público.

PREGUNTAS ADICIONALES:

- ¿Qué tipo de ejercicios os gusta más? ¿Cuántos son muchos ejercicios?
- ¿Qué es saber una lengua? ¿Es más importante la gramática o el vocabulario?
- ¿Ser español es suficiente para enseñar español? (Lo mismo con cualquier otro idioma.)
- ¿Hay diferencias entre un profesor de español y otro de inglés (o de cualquier otra segunda lengua)? ¿En qué cosas insiste uno y otro? Cocina, música... ¿Qué importancia dan uno y otro a la cultura de los países en que se habla la lengua?
- ¿Qué manías tienen los profesores? ¿Insisten en algún tema gramatical concreto, explican su vida, no explican insultos y palabrotas?
- ¿En la clase de español podéis hablar? ¿Hay muchos alumnos en cada clase? ¿Creéis que es útil hablar?

DESEOS IMPOSIBLES

CRITERIO DE PRIORIDAD: ¿QUÉ TE GUSTARÍA MÁS?

Saber pilotar una avioneta

Saber más que una enciclopedia

Ser rico

Ser "más" guapo

Acabar todas las guerras del mundo

Poder leer la mente de los demás

Saber si Dios existe

Encontrar el amor de nuestra vida

Ser invisible

Ser inmortal

VOCABULARIO:

- **Pilotar algo** [alguien] (o.d. un avión, un helicóptero, una nave espacial).
  En muchas películas, el capitán del avión se pone enfermo y un pasajero tiene que pilotar el avión.

- **Una avioneta** (véase ilustración).

- **Ser rico** [alguien].
  Él tiene mucho dinero, es rico.

- **Estar rico** [algo].
  Esta carne es muy tierna y tiene buen sabor: está muy rica.

- **Im-**: imposible, imperfecto.

- **In-**: inmortal, invisible, incómodo.

avioneta

PREGUNTAS ADICIONALES:

- Puede realizarse una valoración general a partir de las prioridades: ¿Sois generosos, aventureros o egoístas? ¿Por qué nadie ha dicho la opción X? ¿Qué os parece la selección de determinado alumno?

- ¿Compartiríais estas habilidades y poderes?

- ¿Es bueno querer cosas inalcanzables?

LA SOCIEDAD DEL FUTURO

CRITERIO DE PRIORIDAD: ¿QUÉ PASARÁ ANTES?

Todos los coches funcionarán con electricidad

El petróleo se acabará

Perderemos los dedos meñiques de los pies

Los hombres y las mujeres ganarán lo mismo por el mismo trabajo

Podremos curar el cáncer, el sida y muchas otras enfermedades

Desaparecerán los libros

La gente normal podrá viajar a otros planetas y vivir en ellos

Viviremos rodeados de robots

Los coches volarán

VOCABULARIO:

- **La electricidad** (n.), **Eléctrico** (adj.).
- **El petróleo** (=antes de refinar).
- **La gasolina** (=después de refinar).
- **El meñique, el pulgar** (véase ilustración).
- **Curar algo** [alguien].
  Los médicos no pueden curar todas las enfermedades.
- **Un planeta** (=Venus o Júpiter son planetas).

PREGUNTAS ADICIONALES:

- ¿Cuándo veremos...?
- ¿Cómo será la familia del futuro?
- ¿Qué nuevos electrodomésticos habrá en todas las casas?
- ¿Viviremos todos en ciudades?
- ¿En qué trabajaremos?
- ¿Qué cosas será imprescindible saber?

PERDER EL TIEMPO

CRITERIO DE PRIORIDAD: ¿QUÉ ACTIVIDADES SON UNA PÉRDIDA DE TIEMPO?

Estar en un atasco

Hacer un crucigrama

Ver la tele, especialmente un partido de fútbol

Aprender español

Jugar una partida de cartas

Chatear en Internet

Tomar el sol

Quitar el polvo de los muebles

Leer una revista del corazón

VOCABULARIO:

- **Un atasco** (n.) (=muchos coches parados durante mucho rato en la carretera).
- **Un crucigrama** (n.) (=juego de definiciones que publican muchos periódicos).
- **Un partido de algo** (n.) (c.p. de fútbol, de baloncesto, de tenis, de balonmano).
- **Una partida de algo** (n.) (c.p. de cartas, de parchís, de ajedrez, de damas).

PREGUNTAS ADICIONALES:

- ¿Para qué sirve hacer crucigramas? ¿Por qué la gente hace crucigramas en los transportes públicos?
- ¿Sabéis estar sin hacer nada de nada? ¿Se puede dejar de pensar, es decir, poner la mente en blanco?
- ¿Cómo matáis el tiempo? Leer, ver la televisión, fumar, hacer crucigramas, hacer media, hacer papiroflexia...
- ¿Todo lo que hacemos tiene una utilidad? ¿Qué utilidad tienen las acciones de la lista anterior? Por ejemplo, entretenerse, descansar, relacionarse con otras personas, conocer cosas nuevas...
- ¿Os gusta quitar el polvo de los muebles? ¿Cuánto tiempo duran los muebles limpios? ¿Qué trabajos de casa (barrer, fregar platos, lavar ropa, cocinar, coser botones...) os gustan más?
- ¿Cuánto tiempo podéis estar en la playa al sol?
- ¿Os ponéis nerviosos en los atascos? ¿Qué hacen los conductores impacientes? (Pitar = tocar el cláxon, insultar, maldecir...)

INICIACIÓN A LA DISCUSIÓN

Este ejercicio está pensado para que personas con pocos conocimientos de español se inicien en la discusión de temas generales. Por un lado, se proporciona un apoyo en forma tarjetas con argumentos impresos; por otro lado, la discusión se desarrolla en grupos de tres personas, así se modera el impacto de dirigirse a un grupo numeroso.

- **Número de alumnos:** Hasta 15 (en grupos de 3).

- **Preparación previa:** Es necesario fotocopiar una plantilla completa sobre papel grueso o cartón ligero. También hay que recortar todas las tarjetas y agruparlas por su letra de orden. Debe tenerse en cuenta que una plantilla sólo proporciona material para tres personas, por ello será preciso copiar diversas veces cada plantilla. Además se preparan copias sobre papel del total de las intervenciones de los grupos y del vocabulario.

DESARROLLO DE LA SESIÓN:

1. Se divide a los alumnos en grupos de tres personas, y cada uno recibe un juego completo de tarjetas. Concretamente, cada alumno recibe todas las tarjetas correspondientes a una de las letras (A, B o C).

2. Es el momento para aclarar el significado del texto impreso, ya sea con la ayuda del profesor o tras la consulta en el diccionario.

3. Empieza la discusión: cuando los alumnos exponen los argumentos impresos en las tarjetas, pueden descartarse de ellas. Para enlazar distintos argumentos y mantener una postura coherente, es necesario que añadan ideas de su propia cosecha. Además, los alumnos pueden verse en la situación de defender unas ideas que no comparten; esta circunstancia también puede generar intervenciones del tipo: *Yo, en realidad, no creo esto, pero lo digo porque está aquí escrito; yo pienso que...*

4. El ejercicio puede plantearse como un juego y así proclamar ganador a quien antes sea capaz de descartarse de sus seis tarjetas.

5. Se distribuye a cada alumno una copia de todos los argumentos y del vocabulario como recordatorio.

ESCRITORES Y LITERATURA

Hay demasiados escritores

La mayoría de los libros son malos o muy malos

Los escritores se copian unos a otros

Mucha gente dice que lee, pero no lee

Se creen importantes porque escriben

¿Tú crees que los escritores leen? Yo creo que...

Es necesario leer todos los días

La cultura se hace con libros, cuadros, cine...

Es una pena: muy poca gente lee

Leer no significa saber apreciar la lectura

¿Crees que es necesario leer? Yo creo que...

Leer nos hace mejores

Para ser un buen escritor hay que leer mucho

¿Los escritores escriben lo que sienten?

Shakespeare ya lo dijo todo

Los editores sólo quieren vender libros

Una cosa es vender libros y otra la literatura

¿Por qué se da tanto valor a los libros? Yo creo que...

VOCABULARIO:

- **Hay algo**.
  Hay una manzana. Hay manzanas.
- **Un libro** (=tipo de documento), una revista (=tipo de documento), un periódico (=tipo de documento).
- **Un escritor:** un poeta (=escribe poesía), un novelista (=escribe novela), un ensayista (=escribe ensayo).
- **Copiar a alguien** [alguien].
  Manolito copia a su hermano mayor.
- **Creerse algo** [alguien] (complemento: importante, inteligente, interesantes).
  ¿Te crees muy listo, verdad?
- **Ser necesario** [infinitivo].
  Es necesario hacer ejercicio físico todos los días.
- **Ser una pena** [algo].
  Esto ya no sirve, es una pena.
- **Un editor** (=persona propietaria de una editorial).
- **Una editorial** (=empresa que publica libros, revistas...).
- **Vender algo** [alguien].
  Los fruteros venden frutas y verduras.

ESCRITORES Y LITERATURA

A Hay demasiados escritores

A La mayoría de los libros son malos o muy malos

A Los escritores se copian unos a otros

A Mucha gente dice que lee, pero no lee

A Se creen importantes porque escriben

A ¿Tú crees que los escritores leen? Yo creo que...

B Es necesario leer todos los días

B La cultura se hace con libros, cuadros, cine...

B Es una pena: muy poca gente lee

B Leer no significa saber apreciar la lectura

B ¿Crees que es necesario leer? Yo creo que...

B Leer nos hace mejores

C Para ser un buen escritor hay que leer mucho

C ¿Los escritores escriben lo que sienten?

C Shakespeare ya lo dijo todo

C Los editores sólo quieren vender libros

C Una cosa es vender libros y otra la literatura

C ¿Por qué se da tanto valor a los libros? Yo creo que...

DECIR LA VERDAD A LOS NIÑOS

Siempre hay que decir la verdad a los niños

Los niños pequeños no son tontos

Los niños siempre se dan cuenta de qué pasa

La misma cosa se puede explicar de muchas formas

Los niños tienen su manera de entender las cosas

¿Deben saber si sus padres se divorcian? Yo creo que...

A veces la verdad hace daño

¿Cuándo hay que explicarles que los Reyes Magos no existen?

Los niños no son adultos

Hay que dar tiempo al tiempo

Ellos no pueden entender algunas cosas

No hay que hacer sufrir a los niños

¿Hay que explicarles de dónde vienen los niños? Yo creo que...

Los niños tienen que jugar, divertirse... Son niños

A veces, los niños se enteran de cosas por otros niños

Las niñas son más listas que los niños

Los niños pueden ser muy crueles con otros niños

En los pueblos, los niños aprenden las cosas de otra manera

VOCABULARIO:

- **Explicar algo a alguien** [alguien].
  El profesor ya ha explicado eso.

- **Deber** + infinitivo [alguien] (=personal).
  Debes trabajar más.

- **Divorciarse** [alguien].
  Ella se quiere divorciar de mí.

- **Hacer daño a alguien** [alguien o algo].
  Me haces daño, suéltame el brazo.

- **Un niño** (n.), un adulto (n.).

- **Entender algo** [alguien] (sigue el presente de indicativo).
  Los alumnos no entienden las explicaciones del profesor.

Entender de algo [alguien].

Yo entiendo mucho de gramática.

Yo entiendo	los problemas de Miguel
Tú entiendes	el ejercicio número cinco
Él entiende	de caballos, de vinos y de coches
Nosotros entendemos	de arte y de literatura
Vosotros entendéis	a Fernando y a Justa
Ellos entienden	a Pilar y a Mercedes

• **Hay que** + infinitivo (=impersonal).

Hay que trabajar más.

• **Venir de algún sitio** [alguien] (sigue el presente de indicativo).

¿De dónde vienes? Vengo del cine.

Yo vengo	de Segovia, de Caracas, de Roma
Tú vienes	de Galicia, de Andalucía, de Aragón
Él viene	de Argentina, de Japón, de Canadá
Nosotros venimos	del colegio, del trabajo, del hospital
Vosotros venís	de los lavabos, de las escaleras
Ellos vienen	de la biblioteca, de la sala

• **Divertirse** [alguien] (sigue el presente de indicativo).

Me he divertido mucho en la discoteca.

Yo me divierto	con Braulio, con amigos
Tú te diviertes	en la fiesta, en la verbena
Él se divierte	siempre, a veces
Nosotros nos divertimos	cantando, charlando, bailando
Vosotros os divertís	sin música, sin alcohol, sin drogas
Ellos se divierten	así, mucho, poco

• **Enterarse de algo** por alguien [alguien].

Me he enterado de la muerte de Cipriano por un vecino suyo.

DECIR LA VERDAD A LOS NIÑOS

A Siempre hay que decir la verdad a los niños

A Los niños pequeños no son tontos

A Los niños siempre se dan cuenta de qué pasa

A La misma cosa se puede explicar de muchas formas

A Los niños tienen su manera de entender las cosas

A ¿Deben saber si sus padres se divorcian? Yo creo que...

B A veces la verdad hace daño

B ¿Cuándo hay que explicarles que los Reyes Magos no existen?

B Ellos no pueden entender algunas cosas

B No hay que hacer sufrir a los niños

B Los niños no son adultos

B Hay que dar tiempo al tiempo

C ¿Hay que explicarles de dónde vienen los niños? Yo creo que...

C Los niños tienen que jugar, divertirse... Son niños

C A veces, los niños se enteran de cosas por otros niños

C Las niñas son más listas que los niños

C Los niños pueden ser muy crueles con otros niños

C En los pueblos, los niños aprenden las cosas de otra manera

LA MEDICINA MODERNA

Los médicos no lo saben todo

Todos podemos equivocarnos

Los médicos se defienden unos a otros

Un médico no gana dinero si su paciente se cura

Los médicos viven de los hipocondríacos

¿Por qué los médicos aconsejan revisiones periódicas?

Los médicos salvan a mucha gente

Ahora vivimos más años gracias a la medicina

¿Qué haces si te duele algo?

¿Qué te parece la medicina alternativa?

En todos los oficios hay buenos y malos profesionales

Los médicos son profesionales que están bien preparados

Antes, la gente se curaba con hierbas medicinales

La medicina también hace sufrir: alarga la agonía

Un día u otro nos moriremos

Si un médico se equivoca, un paciente puede morir

¿Quieres vivir eternamente?

Algunos pacientes no siguen los consejos del médico

VOCABULARIO:

- **Poder** + infinitivo [alguien] (sigue el presente de indicativo).
  ¿Puedo entrar? No puedo ir el sábado, ¿qué tal el domingo?

Yo puedo	salir a las cinco
Tú puedes	cantar un villancico
Él puede	aparcar aquí
Nosotros podemos	pagar esta factura
Vosotros podéis	usar este ordenador
Ellos pueden	cambiar de trabajo

- **Defender a alguien** [alguien] (sigue el presente de indicativo).
  Si alguien quería pegarme, mi hermano mayor me defendía.

Yo defiendo	a Andrés, a Margarita
Tú defiendes	una opinión, unos principios
Él defiende	a un cliente, a su padre
Nosotros defendemos	la ley, la justicia, el orden
Vosotros defendéis	un país, una ciudad, una bandera
Ellos defienden	la libertad de expresión

➡

- **Un médico** (=ha estudiado medicina), un paciente (=está enfermo).

- **Aconsejar algo a alguien** [alguien].
  Mi abogado me ha aconsejado no hacer nada.

- **Un consejo** (n.)

- **Salvar a alguien** [alguien o algo].
  Las vacunas salvan muchas vidas.

- **Estar preparado** [alguien].
  Los alumnos de esta escuela están bien preparados para trabajar como traductores.

- **Curarse** [alguien].
  ¡Milagro! Me he curado, ya puedo caminar.

- **Alargar algo** [algo] (=hacer más largo).
  No fumar alarga la vida.

- **Acortar algo** [algo] (=hacer más corto).
  Fumar acorta la vida.

- **Seguir algo** [alguien] (sigue el presente de indicativo).
  Sigue mi consejo y cásate con él.

Yo sigo	estudiando, trabajando, fumando
Tú sigues	a Sara, a Carlos, a Laura
Él sigue	sentado/sentada, enfermo/enferma
Nosotros seguimos	estudiando, trabajando, fumando
Vosotros seguís	a Sara, a Carlos, a Laura
Ellos siguen	sentados/sentadas, enfermos/enfermas

LA MEDICINA MODERNA

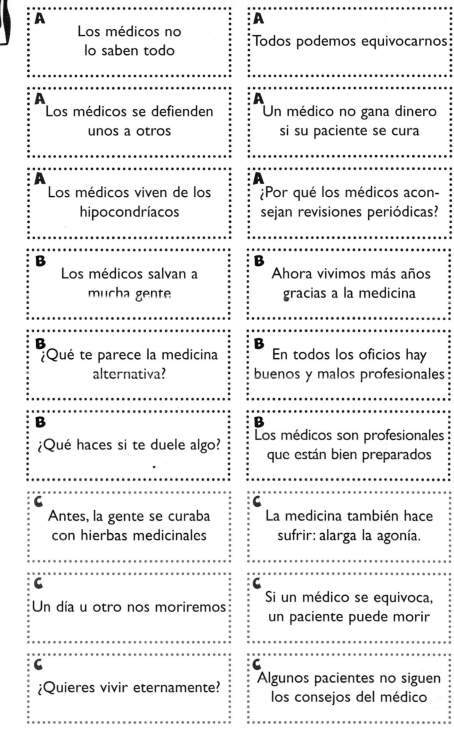

A Los médicos no lo saben todo

A Todos podemos equivocarnos

A Los médicos se defienden unos a otros

A Un médico no gana dinero si su paciente se cura

A Los médicos viven de los hipocondríacos

A ¿Por qué los médicos aconsejan revisiones periódicas?

B Los médicos salvan a mucha gente

B Ahora vivimos más años gracias a la medicina

B ¿Qué te parece la medicina alternativa?

B En todos los oficios hay buenos y malos profesionales

B ¿Qué haces si te duele algo?

B Los médicos son profesionales que están bien preparados

C Antes, la gente se curaba con hierbas medicinales

C La medicina también hace sufrir: alarga la agonía.

C Un día u otro nos moriremos

C Si un médico se equivoca, un paciente puede morir

C ¿Quieres vivir eternamente?

C Algunos pacientes no siguen los consejos del médico

LOS CONCURSOS DE BELLEZA

A la gente le gustan los concursos de belleza

Un concurso puede abrir muchas puertas

Es un espectáculo como otro cualquiera

La profesión de modelo no es mejor ni peor que otras

Enseñar las piernas no ha matado a nadie

¿Alguien te obliga a participar en un concurso?

Sólo se da valor al físico

Las mujeres no son cosas

En esos concursos se hacen trampas

Es una profesión para pocos años

¿Todas las participantes serán luego famosas?

La profesión de modelo es para perezosas

La fama rápida atrae a muchas chicas

Muchas chicas acaban en la prostitución

Esas chicas se hacen operar todo el cuerpo

Todas las niñas de 15 años se creen que son guapas

¿Las guapas son tontas? Yo creo que...

¿Cuánto dinero gana una modelo?

VOCABULARIO:

- **Un concurso de algo** (c.p. de belleza, de pintura, de televisión).

- **La belleza** (n.).

- **Ser guapo** [alguien].
  Mi jefe es guapo y todas las mujeres de la oficina están enamoradas de él.

- **Ser feo** [alguien].
  Mi jefe es feo y además antipático.

- **Una modelo** (=enseña la ropa de diseñadores y modistos).

- **Matar a alguien** [alguien].
  Ese asesino ha matado a 20 niños.

- **Participar en algo** [alguien].
  Yo nunca he participado en un concurso de televisión.

- **Un/a participante** (=alguien que participa en algo).

- **Dar algo a alguien o a algo** [alguien] (sigue el presente de indicativo).
  No le das valor porque no te ha costado nada.

Yo doy	leche al gato
Tú das	sangre al hospital
Él da	dinero a los pobres
Nosotros damos	consejos a un amigo
Vosotros dais	la vida por el país
Ellos dan	pan seco a las palomas

- **Hacer trampa** [alguien].
  Haces trampa: esa carta la has sacado de un bolsillo.

- **Ser famoso** [alguien].
  Soy famosa y todos me piden autógrafos cuando salgo a la calle.

- **Ser perezoso** [alguien].
  Ese perro es muy perezoso, pasa el día tumbado.

- **Atraer a alguien** [algo].
  El cine y la moda me atraen mucho; me gustaría ser modelo o actriz.

- **Operar a alguien de algo** [alguien].
  Me han operado tres veces de la columna, y todavía no estoy bien.

LOS CONCURSOS DE BELLEZA

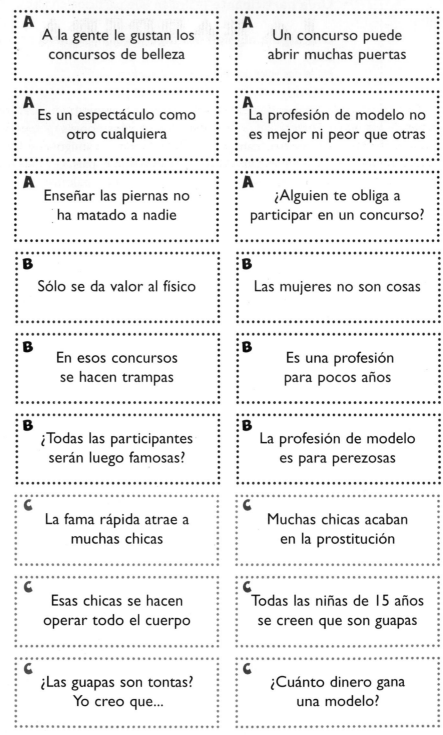

A A la gente le gustan los concursos de belleza

A Un concurso puede abrir muchas puertas

A Es un espectáculo como otro cualquiera

A La profesión de modelo no es mejor ni peor que otras

A Enseñar las piernas no ha matado a nadie

A ¿Alguien te obliga a participar en un concurso?

B Sólo se da valor al físico

B Las mujeres no son cosas

B En esos concursos se hacen trampas

B Es una profesión para pocos años

B ¿Todas las participantes serán luego famosas?

B La profesión de modelo es para perezosas

C La fama rápida atrae a muchas chicas

C Muchas chicas acaban en la prostitución

C Esas chicas se hacen operar todo el cuerpo

C Todas las niñas de 15 años se creen que son guapas

C ¿Las guapas son tontas? Yo creo que...

C ¿Cuánto dinero gana una modelo?

LOS TOROS DESDE LA BARRERA

En una situación real, todos expresamos, con la mayor tranquilidad, opiniones sobre temas de los que no entendemos; nos ponemos en lugar de otro y aventuramos soluciones a problemas que no nos conciernen... Pues de eso justamente se trata en este ejercicio: proponemos problemas hipotéticos que afectan a personajes más hipotéticos todavía y pedimos al alumno que aconseje.

- **Número de alumnos:** Hasta 12.
- **Preparación previa:** Preparamos una copia de la situación y del vocabulario correspondiente para cada alumno.

DESARROLLO DE LA SESIÓN:

1. Se lee una situación en voz alta y se aclara el vocabulario nuevo.

2. Cada alumno da un consejo a la persona que se encuentra en la situación descrita.

3. Se inicia una pequeña discusión a partir de los consejos expresados por los alumnos y de las preguntas adicionales que se incluyen para cada situación. Este ejercicio puede plantearse como un diálogo entre el profesor y sus alumnos.

4. Como recordatorio, se distribuyen entre los alumnos las copias de la situación y del vocabulario.

¡QUÉ GUAPO SOY!

Soy muy guapo y eso mucha veces me perjudica: muchos creen que soy tonto y presumido, la chica que me gusta no me hace caso y me gustaría abrir una empresa pero nadie me toma en serio... Mis amigos me dicen que puedo trabajar como modelo, pero yo no quiero ser un florero.

VOCABULARIO:

- **Perjudicar a alguien** [algo].
  La humedad me perjudica mucho, yo tengo reumatismo.

- **Ser presumido** [alguien].
  Es muy presumido: no se pone dos días la misma ropa.

- **Hacer caso a alguien** [alguien].
  Las chicas no me hacen caso porque no soy guapo ni simpático.

- **Tomar en serio a alguien** [alguien].
  Mis amigos no me toman en serio: creen que sólo sé explicar chistes.

PREGUNTAS ADICIONALES:

- ¿Cómo os imagináis a ese chico? Elaborar una descripción física.
- ¿Para qué cosas es una ventaja ser guapo?
- Cuando conoces a alguien, ¿intentas parecer simpático? ¿Inteligente? ¿Divertido? ¿Buena persona?... ¿Para qué? ¿Con quién?
- Qué cosas hacemos para parecer simpáticos?

EL JUBILADO TRISTE

Tengo 65 años y estoy jubilado. Mis hijos son ya mayores: están casados, tienen niños y trabajan. Mi mujer murió hace tres años y yo me siento solo. Antes, el trabajo me ayudaba a no pensar, pero, desde que me jubilé, todos los días son iguales y tristes.

VOCABULARIO:

- **Jubilarse** [alguien].
  Es obligatorio jubilarse a los 65 años.
- **Estar jubilado** [alguien].
  Ahora no trabajo, estoy jubilado.
- **Casarse** [alguien].
  Nos casaremos en la iglesia de mi pueblo.
- **Estar casado** [alguien].
  Juan y Magdalena no están casados, pero viven juntos.
- **Sentirse algo** [alguien] (sigue el presente de indicativo).
  Hoy me siento feliz.

Yo me siento	triste, alegre, feliz, joven
Tú te sientes	cansado/cansada, rico/rica
Él se siente	bien, mal, regular
Nosotros nos sentimos	tristes, alegres, felices, jóvenes
Vosotros os sentís	cansados/cansadas, ricos/ricas
Ellos se sienten	bien, mal, regular

PREGUNTAS ADICIONALES:

- ¿Esto le pasa a muchas personas al jubilarse? ¿Por qué?

- ¿Por qué el trabajo es tan importante para mucha gente?

- ¿Para vosotros también lo es? ¿Por qué?

- ¿Qué hacen los jubilados para distraerse?

- ¿En qué se puede ocupar el tiempo libre? ¿Qué pensáis de las personas que hacen la Torre Eiffel con palillos? ¿Qué pensáis de las personas mayores que estudian en la Universidad?

- ¿Las distracciones dependen de la edad?

- ¿Es positivo para los abuelos hacer de niñeras de sus nietos? ¿Y para los hijos? ¿Y para los nietos?

ESCOGER LOS ESTUDIOS

Yo quiero estudiar Bellas Artes, pero mis padres dicen que es una tontería estudiar eso. A mí me gusta pintar y mis amigos dicen que no lo hago mal. Mi padre me repite todos los días: "Estudia Derecho o Económicas" y mi madre: "Estudia algo con futuro, hijo". Yo no sé qué hacer.

VOCABULARIO:

- **Ser una tontería** [algo].
  —*¿Qué te pasa?* —*Nada, es una tontería.*

- **Repetir algo a alguien** [alguien].
  ¿Me lo puedes repetir más despacio, por favor?

- **Saber algo** [alguien] (sigue el presente de indicativo).
  Saben cantar muy bien. Sé una cosa que tú no sabes. ¿Ella sabe dónde vivo?

Yo sé	cantar
Tú sabes	bailar
Él sabe	hablar español
Nosotros sabemos	una canción
Vosotros sabéis	un poema
Ellos saben	español

PREGUNTAS ADICIONALES:

- ¿Quién tiene que decidir en este caso?

- Los padres pagan los estudios de sus hijos, ¿por qué no pueden decidir ellos?

- ¿Qué tipo de consejos dan los padres? ¿Por qué?

- ¿En decisiones importantes pedís consejo a otras personas? ¿A quién?

- ¿Tenéis en cuenta los consejos que os dan?

- ¿Es fácil ponerse en lugar de otro?

- ¿Qué profesiones dan dinero? ¿Es una información que tenemos en cuenta al escoger profesión?

- ¿Qué salidas profesionales tiene un licenciado en Bellas Artes?

MATRIMONIO SIN HIJOS

Hace dos años me casé con mi novia: una mujer guapa, simpática y cariñosa. Yo la quiero a ella y estoy seguro de que ella me quiere a mí, pero tenemos un grave problema: ella no quiere tener hijos, dice que los niños no le gustan. A mí, cada vez que veo a un bebé, se me cae la baba, pero luego me doy cuenta de que nunca podré ser padre.

VOCABULARIO:

- **Ser guapo** [alguien].
  Tu hijo es un niño muy guapo, podría salir en anuncios de papillas por la tele.
- **Ser simpático** [alguien].
  Hipólito es amigo de todo el mundo, es muy simpático.
- **Ser cariñoso** [alguien].
  Los perros son más cariñosos que los gatos.
- **Querer a alguien** [alguien] (sigue el presente de indicativo).
  Te quiero con todo mi corazón.

Yo quiero	helado de fresa
Tú quieres	a Pedro
Él quiere	tres hijos
Nosotros queremos	aprender español
Vosotros queréis	vivir en el campo
Ellos quieren	tener tres hijos

- **Un bebé** (=de 0-2 años), un niño (=de 2-12 años), una niña (=de 2-12 años), un chico (=de 12-20 años), una chica (=de 12-20). Depende más de la apariencia que de la edad.
- **Caérsele** [la baba] **a alguien**.
  Cuando Marc dice "gagaga" a su abuelo se le cae la baba.
- **Darse cuenta de algo** [alguien].
  Ayer me di cuenta de que la semana próxima será mi cumpleaños.

chico
niño
bebé

PREGUNTAS ADICIONALES:

- ¿La gente se casa sólo para tener hijos?
- ¿Por qué son tan importantes los hijos?
- En este ejemplo, ¿alguien ha engañado a alguien? ¿Quién ha engañado a quién?
- ¿Este problema suele pasar a los hombres o a las mujeres?
- ¿Debe todo el mundo tener hijos?
- ¿Puede todo el mundo tener hijos?
- ¿Cómo tiene que ser un padre ideal? ¿Y una madre?

TENERLO TODO Y NO TENER NADA

Mi trabajo me gusta, mi familia y mis amigos son estupendos, vivo en una buena casa, tengo lo necesario para vivir bien y sin preocupaciones... pero la verdad es que no soy feliz. Todo mi tiempo está organizado y no tengo un momento para mí. Me encuentro mal y siempre tengo ganas de llorar.

VOCABULARIO:

- **Ser estupendo** [alguien o algo].
  Esta casa es estupenda: tiene un jardín grande y mucho espacio.
  La gente es estupenda: cuando tienes un problema, siempre te ayuda alguien.

- **Una preocupación.**
  Tengo salud, trabajo, dinero, muchos amigos... yo no tengo preocupaciones.

- **La verdad es que...**
  —¿Estás cansado? —La verdad es que sí.

- **Organizar algo** [alguien].
  El Ayuntamiento organiza un concurso de ajedrez para niños menores de 10 años.

- **Estar organizado** [algo].
  Ya están organizados todos los grupos: tú vas con Matilde, Enrique, Susana y Agustín.

- **Ser organizado** [alguien].
  Las personas organizadas tienen tiempo para todo.

- **Tener ganas de** + infinitivo [alguien].
  Tengo ganas de acabar ya, pero todavía son las cinco.

PREGUNTAS ADICIONALES:

- ¿Por qué es infeliz esta persona? Pueden proponerse distintas hipótesis.
- ¿Creéis que es una situación real?
- ¿Qué necesita alguien para ser feliz?
- ¿Puede alguien ser feliz las 24 horas del día?
- ¿Todos queremos las mismas cosas?
- ¿Qué pasa cuando conseguimos algo?

AYUDAR A UN COMPAÑERO

Comparto un piso con tres personas más. Todos ellos son buenas personas, pero hay una chica que tiene problemas económicos graves y no puede pagar el alquiler ni los gastos de agua, gas... Al principio, los demás la ayudábamos y pagábamos su parte, pero esto pasa desde hace cuatro meses y ya estamos un poco hartos.

VOCABULARIO:

- **Compartir algo con alguien** [alguien] (o.d. una casa, un juguete, los gastos de algo).

  Comparto la habitación con mi hermano pequeño.

- **Ser** (una) buena persona [alguien].

  Patricio es una buena persona: generoso, amable, atento...

- **El alquiler** (=el dinero que se paga cada mes para vivir en un piso o en una casa).

- **Alquilar algo** [alguien] (o.d. una casa, un coche, unos patines, una bicicleta).

  Al lado de la playa alquilan bicicletas a los turistas.

- **El gas** (pop.) = el suministro de gas butano, de gas natural...

- **La luz** (pop.) = el suministro de corriente eléctrica.

- **El agua** (pop.) = el suministro de agua corriente.

- **Estar harto de algo** [alguien].

  Estoy harta de tus bromas. Arturo está harto de trabajar en esa empresa.

- **Hartarse de algo** [alguien].

  Me he hartado de tus bromas. Arturo se ha hartado de trabajar en esa empresa.

PREGUNTAS ADICIONALES:

- ¿Cuánto tiempo hay que ayudar a alguien en esta situación?

- En la vida real, ¿los compañeros de piso se ayudan?

- ¿Cómo hay que solucionar una situación como ésta?

- ¿Qué problemas hay entre las personas que comparten piso?

- ¿Es fácil pedir ayuda?

- ¿Qué problemas hay en recibir ayuda? ¿Cómo os sentís?

NO SOY INTERESANTE

Mis amigos son gente interesante: tienen trabajos estupendos, viajan con frecuencia a otros países, han leído más libros que yo, saben de cine, de teatro, de arte... Y, cuando hablamos, nunca digo lo que pienso porque sé que son tonterías y ellos se reirán de mí.

VOCABULARIO:

- **Ser interesante** [alguien o algo].
  Tus amigos son muy interesantes, todos son pintores o escritores.
  Este libro es muy interesante: yo lo empecé ayer y esta mañana ya lo he acabado.

- **Saber de algo** [alguien].
  Yo no sé de fútbol, haz tú la quiniela.

- **Decir algo a alguien** [alguien] (sigue el presente de indicativo).
  Dime el número de tu pasaporte.

Yo digo	mi opinión
Tú dices	tu opinión
Él dice	su opinión
Nosotros decimos	nuestra opinión
Vosotros decís	vuestra opinión
Ellos dicen	su opinión

- **La risa** (=el sonido que se produce al reír).

- **Reírse de alguien** [alguien].
  No le gusto a tu hijo, siempre se ríe de mí.

PREGUNTAS ADICIONALES:

- ¿Qué hace a una persona interesante?

- ¿Os consideráis personas interesantes? ¿Por qué?

- ¿Qué actor (personaje público) os parece interesante?

- ¿Las personas se parecen entre sí?

- ¿Tendemos a imitar a otros para parecer interesantes?

ELLA ME ODIA

Una compañera de trabajo me hace la vida imposible: habla mal de mí, no me deja usar su mesa para nada, me ordena cosas constantemente y me grita si me equivoco o si llego cinco minutos tarde. Ella no es mi jefa, pero lo parece.

VOCABULARIO:

- **Un compañero de algo** (c.p. de clase, de trabajo).
- **Hacer la vida imposible a alguien** [alguien].
  Mi vecina me hace la vida imposible: tira su basura en mi patio, pone la tele muy alta por las noches, me roba las cartas del buzón...
- **Dejar +** infinitivo **+ a alguien** [alguien].
  El jefe no deja a nadie aparcar en su plaza de aparcamiento.
- **Ordenar algo a alguien** [alguien].
  El señor me ha ordenado limpiar la habitación de invitados.
- **Una orden** (=lo que se ordena).
- **Equivocarse** [alguien].
  Perdona, me he equivocado, tú tenías razón
- **Llegar tarde** [alguien].
  Ya son las cinco, Francisco llega tarde.
- **Un jefe** (=la persona que coordina el trabajo de otros).

PREGUNTAS ADICIONALES:

- ¿Qué intenta hacer esta compañera de trabajo? ¿Echarla del trabajo? ¿Quitarse trabajo?
- ¿Crees que esta compañera también actúa así fuera del trabajo?
- ¿En qué trabajan estas personas? ¿Qué os habéis imaginado?
- ¿Dejarías un trabajo por un mal ambiente?
- ¿Pagarías a esa persona con la misma moneda?

YO NO QUERÍA

He mentido a mis padres. Ellos creen que este año acabaré la carrera, pero estoy en tercero y con dos asignaturas de segundo. Les he mentido porque no quería decepcionarlos; ellos esperan mucho de mí y yo soy normal y corriente.

VOCABULARIO:

- **Mentir** [alguien] (sigue el presente de indicativo).
  Si mientes, te crecerá la nariz como a Pinocho.

Yo miento	siempre
Tú mientes	a veces
Él miente	muchas veces
Nosotros mentimos	casi siempre
Vosotros mentís	algunas veces
Ellos mienten	alguna vez

- **Carreras** (universitarias): Derecho (pop.), Magisterio (pop.), Exactas (pop), Económicas (pop.), Medicina (pop.)...

- **Asignaturas**: matemáticas, literatura, física, historia, geografía...

- **Estar en algo** [alguien] (c.p., en primero, en segundo, en tercero, en cuarto).
  ¿En qué curso estás?

- **Decepcionar a alguien** [alguien o algo].
  La película nos ha decepcionado, todos esperábamos algo mejor.

- **Ser normal y corriente** [alguien].
  Él es normal y corriente: tiene gustos normales, tiene un trabajo normal, su familia es normal...

PREGUNTAS ADICIONALES:

- ¿Diríais la verdad o seguiríais con la mentira?

- Si os suspenden un examen, ¿se lo contáis a alguien? ¿A quién?

- Al explicar algo, ¿se cuenta igual a todo el mundo?

- ¿Para vosotros es importante aprobar siempre?

- Cuando habéis acabado un examen, ¿sabéis si aprobaréis?

NOVIOS Y AMIGOS

Un amigo me regala flores y bombones, me invita al cine y a comer en restaurantes. Sé que le gusto porque me lo ha dicho y porque me lo demuestra constantemente. Yo no lo quiero como a un novio, para mí es sólo un buen amigo.

VOCABULARIO:

- **Regalar algo a alguien** [alguien].
  ¡Regálame tus pendientes!

- **Invitar a alguien a algo o a algún sitio** [alguien].
  Nunca me han invitado a un restaurante caro.
  Te invito a (comer) un helado.

- **Demostrar algo a alguien** [alguien] (sigue el presente de indicativo).
  Esta prueba demuestra que él es culpable del robo.

Yo demuestro	que digo la verdad
Tú demuestras	que dices la verdad
Él demuestra	que dice la verdad
Nosotros demostramos	que decimos la verdad
Vosotros demostráis	que decís la verdad
Ellos demuestran	que dicen la verdad

- **Un novio** (=una relación "seria" en una pareja), un buen amigo (=una simple relación de amistad).

PREGUNTAS ADICIONALES:

- ¿Existen chicos así?
- ¿Cuál es la mejor técnica para tener éxito con las chicas?
- ¿Qué tiene que tener un hombre para gustar? ¿Y una mujer?
- ¿Qué fama tienen los hombres españoles (o los de cualquier otra nacionalidad)?
- ¿Te gusta recibir regalos? ¿Por qué?

MALOS REGALOS

Mi marido y yo nos separamos hace dos meses. Los dos somos personas razonables y llegamos a un acuerdo. Pero mi ex marido hace muchos regalos a los niños, yo creo que demasiados. Nuestros hijos viven conmigo y noto que su carácter ha cambiado.

VOCABULARIO:

- **Separarse** [alguien].
  Tú y yo ya no nos queremos, lo mejor es separarse.

- **Ser razonable** [alguien].
  Sé razonable: tú no necesitas dos y él no tiene ninguno.

- **Llegar a un acuerdo** [alguien].
  Después de discutir durante cuatro horas llegamos a un acuerdo: yo uso el coche los lunes y él los miércoles.

- **Cambiar** [alguien o algo] (suj. el carácter de alguien, una ley, la suerte).
  Mi suerte ha cambiado: antes siempre ganaba a las cartas, pero ya no.

PREGUNTAS ADICIONALES:

– ¿Es una buena manera de educar a los niños?

– ¿Qué ventajas/inconvenientes tienen los hijos de padres separados?

– ¿Lo pasan mal los niños?

– ¿Se puede comprar el cariño con regalos?

– ¿Es imprescindible que un niño tenga padre y madre?

MIEDO AL MAR

A mi mujer le da miedo bañarse en el mar. Cuando era una niña, casi se ahoga, y desde entonces no va a la playa. A mí siempre me ha gustado nadar, tomar el sol y ponerme moreno, ¡ah! y también jugar al voley-playa, pero ella no quiere oír hablar del mar.

VOCABULARIO:

- **Dar miedo** [algo] a alguien.
  ¿Te dan miedo la películas de terror?
- **Un baño** (=la acción de bañarse).
- **Una bañera** (véase ilustración).
- **Ahogarse** [alguien].
  Muchos pasajeros del Titanic se ahogaron.
- **Ponerse moreno** [alguien].
  Si tomo el sol dos días, me pongo muy moreno.
- **Jugar a algo** [alguien] (sigue el presente de indicativo).
  ¿Sabes jugar al parchís?

Yo juego	al baloncesto
Tú juegas	a la petanca
Él juega	a los bolos
Nosotros jugamos	a las damas
Vosotros jugáis	al parchís
Ellos juegan	al ajedrez

PREGUNTAS ADICIONALES:

– ¿Es lógico actuar así? ¿Por qué?

– ¿A qué otras cosas suele tener miedo la gente?

– ¿Qué hay que hacer para dejar de tener miedo a algo?

– ¿Qué tipo de cosas os dan miedo? ¿Las películas?

– En una pareja, ¿los dos deben tener todos los gustos en común?

HABLAR EN PÚBLICO

No puedo hablar en publico, tartamudeo, me pongo rojo, se me olvida qué quiero decir... Me pongo muy nervioso y no me acuerdo ni de mi nombre.

VOCABULARIO:

- **En público** (=delante de muchas personas, a veces desconocidas):
  hablar en público, cantar en público, fumar en público.

- **En privado** (=delante de amigos y familiares, o sin compañía).

- **Tartamudear** [alguien].
  —Yoyoo noono quiquiero. —¿Por qué tartamudeas?

- **Un tartamudo** (=una persona que tartamudea).

- **Olvidársele a alguien** [algo] (suj. hacer algo o un objeto).
  Se me ha olvidado apagar la luz del garaje. Se me han olvidado los libros en casa.

- **Acordarse de algo** [alguien] (sigue el presente de indicativo).
  ¿Te acuerdas del número de Paco?

Yo me acuerdo	del nombre de ese pueblo
Tú te acuerdas	de su número de teléfono
Él se acuerda	del día de tu cumpleaños
Nosotros nos acordamos	de pagar el alquiler
Vosotros os acordáis	de sacar la basura
Ellos se acuerdan	de darle comida a los peces

PREGUNTAS ADICIONALES:

- ¿Es exagerado este ejemplo?

- ¿Podéis hablar en público sin nervios?

- ¿Os pone nerviosos un grupo de 5 personas? ¿Y uno de 10? ¿Y uno de 20?

- ¿Podrías trabajar de *cara al público*? ¿Y *hablando en público*? Ejemplifica con distintos trabajos.

- ¿Qué se puede hacer para superar ese miedo?

LA SALUD ES LO PRIMERO

Me preocupa mi salud: si me duele algo, voy rápidamente al médico; tomo vitaminas en pastillas porque la gente dice que previenen enfermedades; me cepillo los dientes unas ocho veces al día, y no puedo leer los síntomas de una enfermedad sin pensar que la tengo.

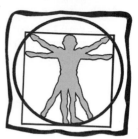

VOCABULARIO:

- **Preocupar a alguien** [algo].

  El dinero no me preocupa.

- **Doler a alguien** [algo].

  ¿Qué te duele? Me duele una muela.

- **Una pastilla** (=un tipo de medicamento sólido que se traga).

- **Un jarabe** (=un tipo de medicamento líquido que se traga).

- **Prevenir algo** [algo].

  Las vitaminas previenen enfermedades.

PREGUNTAS ADICIONALES:

- ¿Cuántas veces al día es normal cepillarse los dientes?

- ¿Para qué sirven las vitaminas?

- Si leéis los síntomas de una enfermedad, ¿pensáis que la padecéis?

- ¿Las personas se inventan enfermedades? ¿Para qué?

- ¿Os cuidáis? ¿Qué hacéis para cuidaros?

- ¿Qué le pasa a un hipocondríaco cuando se pone enfermo de verdad?

ELLA YA NO ESTÁ

Mi madre murió hace unas semanas en un accidente de tráfico. Yo he querido muchísimo a mi madre, y ella a mí. No tengo ganas de hacer nada: me levanto tarde, voy en chándal todo el día, no voy a trabajar, no tengo ganas de comer...

VOCABULARIO:

- **Morir** [alguien] (presente de indicativo: yo muero, tú mueres, él muere, nosotros morimos, vosotros morís, ellos mueren).

  ¡Ha muerto Luis! Pero si era muy joven...

- **Un accidente de algo** (c.p. de tráfico, de trabajo, de coche, de moto).

- **Levantarse** [alguien].

  Levántate de la silla y ayúdame. Por las mañanas me levanto a las cinco.

- **Un chándal** (véase ilustración).

chándal

PREGUNTAS ADICIONALES:

- ¿Qué pueden hacer los amigos en una situación así?
- ¿Las costumbres ayudan a superar la muerte de las persona queridas? ¿Ayuda ir al velatorio, al funeral, al entierro...?
- ¿Es más fácil para alguien creyente?

UN BUEN TRABAJO

Busco trabajo desde hace tiempo, pero sólo encuentro cosas que no me gustan. El trabajo es trabajo, ya lo sé, y con el dinero puedes hacer muchas cosas, pero son muchas horas ocupadas en algo que no me interesa.

VOCABULARIO:

- **Un trabajo** = una colocación (=una actividad).
- **Un oficio** = una profesión (=una capacidad).
- **Encontrar algo** [alguien] (sigue el presente de indicativo).
  He encontrado tus gafas debajo del sofá.

Yo encuentro	tiempo para estudiar
Tú encuentras	oro debajo de las piedras
Él encuentra	pelos en la sopa
Nosotros encontramos	a Marta en el autobús
Vosotros encontráis	a Luis en el bar
Ellos encuentran	perros y gatos

- **Interesar a alguien** [algo].
  Tus problemas no me interesan.

PREGUNTAS ADICIONALES:

- ¿Qué es un buen trabajo?
- ¿Preferís más sueldo o más horas libres?
- ¿El dinero da la felicidad? ¿Y el trabajo?
- ¿Es fácil encontrar trabajo?
- ¿Jugáis a la lotería (o a otro juego de azar)? ¿Por qué?
- ¿El domingo por la tarde de qué humor estáis?

NO LO SOPORTO

Mi cuñado es un triunfador: gana más dinero que yo, tiene un trabajo mejor que el mío, se ha comprado un coche estupendo... Mi cuñado presume de lo que tiene y además me dice que soy tonto porque no aprovecho muchas oportunidades: "Mírame a mí". Nos encontramos pocas veces al año, normalmente en Navidades y en las fiestas de cumpleaños de alguien de la familia, pero son momentos desagradables.

VOCABULARIO:

- **Ser un triunfador** [alguien].
  Eres un triunfador, has tenido éxito en tu trabajo y en tu vida personal.

- **Presumir de algo** [alguien].
  Julio presume de guapo, pero tiene cara de caballo.

- **Ser tonto** [alguien].
  Eres tonto, ¿por qué dejas que la gente se ría de ti?

- **Aprovechar algo** [alguien].
  Yo no puedo ir al teatro, ¿quieres aprovechar tú las entradas?

- **Una fiesta de algo** (c.p. de cumpleaños, de despedida, de final de curso).

- **Ser desagradable** [alguien o algo].
  El sabor de este caramelo es desagradable, no me gusta.
  No quiero hablar con él, es una persona desagradable.

PREGUNTAS ADICIONALES:

- ¿Conocéis a alguien así?
- ¿Creéis que estas personas dicen la verdad?
- ¿Por qué algunas personas se comportan así?
- ¿De qué suelen presumir estas personas?
- ¿Qué es tener éxito?
- ¿Tiene todo el mundo un motivo para presumir?
- ¿Te gustaría ser así?

¡VAYA AMIGO!

Un amigo mío le ha explicado a todo el mundo que no puedo tener niños. Es cierto, y yo se lo conté a él porque somos amigos. Ahora todos me miran con cara de pena, y no me gusta.

VOCABULARIO:

- **Ser cierto** [algo].
  Esto no es cierto, la verdad sólo la sé yo.

- **Contar algo a alguien** [alguien] (sigue el presente de indicativo).
  Me voy, pero todavía no se lo he contado a nadie.

Yo cuento	un cuento
Tú cuentas	la verdad
Él cuenta	un chiste
Nosotros contamos	una anécdota
Vosotros contáis	una excursión a la playa
Ellos cuentan	una leyenda azteca

- **Cara de algo** (c.p., de pena, de asco, de asesino, de perro).

PREGUNTAS ADICIONALES:

– ¿Dejaríais de ser amigo de alguien así?

– ¿Os vengaríais de "ese amigo"?

– ¿La gente sabe guardar secretos?

– ¿A quién se le puede explicar un secreto?

– ¿Sabéis guardar secretos?

– ¿Los famosos tienen secretos?

– ¿Os gusta leer revistas del corazón?

¿EL AMOR ES CIEGO?

Tengo un amigo por correspondencia. Me he enamorado de él y él también dice estar enamorado de mí. El problema es que no le he dicho que peso 124 kg. Él insiste en conocerme en persona.

VOCABULARIO:

- **La correspondencia** (for.).
  Por correspondencia (= por correo).

- **Enamorarse de alguien** [alguien].
  Me he enamorado de Diana, ¿qué hago ahora con mi novia?

- **El amor** (=un sentimiento) (n.).

- **Pesar algo** [alguien].
  Este pollo pesa dos kilos y cuarto.

- **Insistir en +** infinitivo [alguien].
  Insisto en hablar con el presidente personalmente, quiero decirle algo muy importante.

PREGUNTAS ADICIONALES:

- ¿En Internet pasan cosas así?
- ¿El físico es importante?
- ¿Es verdad que "el amor es ciego"?
- ¿Es más fácil ligar para la gente atractiva?
- ¿La gente es sincera en las relaciones amorosas?
- ¿Qué cosas no se dicen?
- Dentro de una pareja, ¿se dicen mentiras? ¿De qué tipo?
- ¿Es verdad que el amor rompe todas las barreras?

SIN FUTURO

Tenemos un hijo que no trabaja y que no tiene interés en trabajar. No tiene novia ni buenos amigos, y sale poco de casa. ¿Qué será de él dentro de 10 años? Ahora nosotros lo mantenemos, pero un día faltaremos, es ley de vida.

VOCABULARIO:

- **Tener interés en +** infinitivo [alguien].
  No tengo interés en conocer tu vida, yo no te espiaba.

- **Ser de alguien** [algo] (se usa en preguntas).
  ¿Qué fue de Antonio? ¿Se casó o no se casó con Nuria?

- **Mantener a alguien** [alguien]
  Los padres mantienen a sus hijos (económicamente).

- **Faltar** [alguien].
  Desde que falta tu padre, haces lo que quieres.

- **Es ley de vida** [expresión fija].
  Todos moriremos algún día, es ley de vida.

PREGUNTAS ADICIONALES:

- ¿Hay muchas personas en esta situación?

- ¿Qué les pasará a estas personas?

- ¿Los padres miman demasiado a los hijos?

- ¿Creéis que es bueno estar solo?

- ¿Creéis que es bueno saber estar solo?

- ¿Es posible ser autosuficiente?

LA ABUELA IDEAL

Soy una abuela de 68 años y tengo un solo nieto. Le compro todos los juguetes que me pide, le dejo ver la televisión hasta tarde, lo llevo al cine cuando estrenan películas infantiles... A los padres, mi hija y mi yerno, no les parece bien, dicen que malcrío al niño.

VOCABULARIO:

- **Un abuelo** (=el padre del padre o de la madre), **una abuela** (=la madre del padre o de la madre), **un bisabuelo** (=el padre de un abuelo o abuela).

- **Un juguete** (véase ilustración).

- **Pedir algo a alguien** [alguien] (sigue el presente de indicativo).
  Le he pedido dinero al banco.

Yo pido	macarrones y pollo
Tú pides	un café solo y un bollo
Él pide	un aumento de sueldo
Nosotros pedimos	un poco de atención
Vosotros pedís	un crédito en el banco
Ellos piden	juguetes a los Reyes

- **Estrenar algo** [alguien] (o.d. películas, obras de teatro).
  En España, normalmente estrenan las películas en viernes.

- **Parecer a alguien** [algo].
  Tu comportamiento me parece mal.

PREGUNTAS ADICIONALES:

– ¿Por qué las abuelas malcrían a los nietos?

– ¿Hacen esto todas las abuelas? ¿Y los abuelos?

– ¿Cómo los malcrían?

– ¿Qué regalos suelen hacer los abuelos a sus nietos?

– ¿Cómo ayudan los abuelos a los padres?

– ¿Se lo pasan mejor los niños con sus padres o con sus abuelos?

OBSESIÓN AMOROSA

Un vecino mío me envía flores, me escribe cartas de amor, sabe a qué hora llego a casa y me espera en el portal... Le he dicho muchas veces que no me interesa y le devuelvo todos sus regalos, pero sigue igual y me da un poco de miedo.

VOCABULARIO:

- **Enviar algo a alguien** [alguien].
  Ignacio me ha enviado una postal desde Valencia.

- **Un portal** (=entrada a un bloque de pisos).

- **Devolver algo a alguien** [alguien] (sigue el presente de indicativo).
  Manuel me ha devuelto el dinero que le presté.

Yo devuelvo	el coche a su dueño
Tú devuelves	las llaves al conserje
Él devuelve	el libro a la biblioteca
Nosotros devolvemos	las truchas al río
Vosotros devolvéis	un préstamo al banco
Ellos devuelven	el balón a los niños

- **Dar a alguien** [algo] (suj. miedo, pena, una alegría, asco).
  Algunas escenas de esta película dan mucho miedo.

PREGUNTAS ADICIONALES:

- ¿Puede ser peligroso alguien así?

- ¿Qué cosas puede llegar a hacer un obseso?

- ¿Creéis que esto pasa a menudo?

- ¿Os cambiaríais de casa en una situación así?

- ¿Qué puede hacer la policía en esta situación?

- ¿Se lo explicaríais a la policía? ¿O a un amigo?

CARTAS PERSONALES

Mi madre abre mis cartas y las lee. Dice que yo sólo tengo 15 años, que lo hace por mi bien y que yo no sé nada de la vida; además mi madre comenta las cartas con una vecina, que es muy amiga suya.

VOCABULARIO:

- **Abrir algo** [alguien] (o.d. una puerta, una botella, una carta, los ojos).
  Abre la boca y cierra los ojos.
- **Estar abierto** [algo].
  Las puertas están abiertas, podemos entrar.
- **Ser abierto** [alguien].
  Pedro es abierto: no esconde nada, dice lo que piensa, respeta la opinión de los demás...
- **Una carta** (véase ilustración).

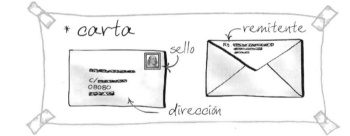

PREGUNTAS ADICIONALES:

- ¿La madre de este chico lo protege o simplemente fisga?
- ¿Qué cosas deben ser siempre privadas?
- ¿Alguna vez habéis abierto la correspondencia de alguien por error?
- ¿Os enterasteis de algo interesante?
- ¿Os parece correcto?
- ¿Es un delito abrir la correspondencia de otra persona en vuestro país?

MALA SUERTE

Todo me sale mal: intenté abrir un negocio pero no fue bien, me compré un coche de segunda mano y se estropea semana sí semana no, fui de vacaciones a París y llovió todos los días que estuve allí... Creo que todo me sale mal porque perdí mi amuleto de la suerte.

VOCABULARIO:

- **Salir a alguien** [algo].
  Este dibujo no me sale, ayúdame.

- **Intentar +** infinitivo [alguien].
  Intenta abrir esta botella, yo no puedo.

- **De segunda mano** (=no es nuevo).
  Un coche de segunda mano, un piso de segunda mano, ropa de segunda mano.

- **Estropearse** [algo].
  El televisor se ha estropeado.

- **Un amuleto** (=objeto que da suerte a alguien).

PREGUNTAS ADICIONALES:

- ¿Es fácil abrir un negocio?
- ¿Los coches de segunda mano se estropean con frecuencia?
- ¿Llueve mucho en París? (Más de 250 días al año)
- ¿Sois supersticiosos?
- ¿Se puede controlar la suerte?
- ¿Hay gente que "tiene la negra"?
- ¿Tenéis algún amuleto?

EL PRINCIPIO DEL FINAL

Mi madre tiene Alzheimer y al principio intentamos cuidarla en casa, pero es muy complicado para todos: mi marido trabaja fuera de casa y nunca tiene tiempo, los niños son pequeños y están en edad de jugar y de estudiar, yo he dejado el trabajo para atender a mi madre pero no estoy preparada para cuidar a una enferma y muchas veces no sé qué hacer.

VOCABULARIO:

- **Ser complicado** [algo] (=ser difícil).

  Encontrar un buen ejemplo a veces es complicado.

- **Estar en edad de** + infinitivo [alguien].

  Tus hijos ya son mayores, están en edad de salir a discotecas.

- **Atender algo o a alguien** [alguien](c.d. una llamada, una obligación, a un enfermo, a una visita).

  El doctor ahora atiende a una visita, espere unos minutos, por favor.

- **Estar preparado para algo** [algo o alguien](c.p. para un examen; para hacer un trabajo).

  El vídeo está preparado para grabar el programa que quieres.

PREGUNTAS ADICIONALES:

- ¿Es un problema frecuente?

- ¿Qué soluciones da la Administración pública?

- ¿Qué os parecen las residencias? ¿Son caras en vuestro país?

- ¿Dónde están mejor las personas mayores?

- ¿Qué no puede hacer un enfermo de Alzheimer por sí mismo? Vestirse, lavarse, comer, ir al lavabo...

- ¿Qué cualidades debe tener un buen "enfermero"?

ARGUMENTOS

Se trata de clases de conversación guiadas, siempre insistiendo en que el esfuerzo revierta en mayor conocimiento de la lengua. Es una forma de agilizar la discusión, de hacerla más variada. El profesor debe disponer de una guía; ya sean las que se incluyen más adelante o adaptaciones de éstas (a temas de actualidad y a culturas diferentes).

- **Número de alumnos:** Hasta 15.
- **Preparación previa:** No es necesaria.

DESARROLLO DE LA SESIÓN:

1. En la clase anterior al día de conversación se elige un tema y se pide a los alumnos que piensen argumentos a favor y en contra.

2. El día de clase de conversación se pide a los alumnos que expongan sus argumentos de uno en uno. El profesor (o un alumno) los anota en la pizarra según se digan, sin prisa. El soporte escrito (pizarra) hace que las ideas no parezcan tan volátiles: hay tiempo para reflexionar, para anotar... Cada argumento debe explotarse con preguntas que favorezcan la discusión; entre paréntesis se sugieren preguntas adicionales. Hay que insistir en el vocabulario nuevo y en lo que es importante conocer.

3. Si nadie ha mencionado alguno de los argumentos que figuran en nuestra ficha, hay que introducirlo y preguntar sobre él. Y al revés, también podemos añadir a la ficha argumentos aportados por los alumnos.

4. El redactado de los alumnos puede corregirse o también se puede pedir una redacción en la que se insista sobre los argumentos expuestos.

SABER

HABLAR
ESPAÑOL

- Puedes hablar con gente de muchos países. *(¿De cuáles? ¿Cuántas personas hablan español en el mundo?)*

- Puedes conocer muchas culturas distintas. *(¿Os interesan las culturas de América latina? ¿Conocéis las culturas que han nacido del mestizaje?)*

- Puedes leer obras de la literatura universal sin traducción. *(¿Qué obras españolas conocéis? ¿Qué autores españoles habéis leído? ¿Es importante la literatura en lengua española?)*

- Todo ayuda para encontrar trabajo. *(¿En qué trabajos es necesario o importante hablar español? ¿Hay muchos traductores de español donde vivís?)*

- Ayuda a escribir bien las palabras de origen latino de otra lenguas, como las del inglés. *(¿Qué otras lenguas son de origen latino?)*

A
FAVOR

- Es difícil. *(¿Es más difícil el español o el inglés? La comparación puede hacerse con cualquier otra lengua. ¿Qué os parece más difícil del español? ¿Saber una segunda lengua ayuda a aprender una tercera?)*

- Hay que dedicar tiempo a estudiar. *(¿Cuánto tiempo dedicáis a estudiar?) Aparte de los deberes, ¿qué hacéis para estudiar español?*

EN
CONTRA

- No se pueden conocer todas las lenguas del mundo. *(¿Dónde se coloca el límite? ¿Cuántas lenguas extranjeras se pueden conocer bien?)*

- Puedes confundirte si estudias varias lenguas a la vez. *(¿En qué situación?) ¿Cuántas lenguas pueden estudiarse a la vez? ¿Con qué lenguas puede confundirse el español? ¿Alguna vez habéis usado palabras de un idioma en otro?*

SER MUY ALTO

A FAVOR

- Puedes jugar al baloncesto. *(¿A qué otros juegos?)*
- Eres más atractivo. *(¿Las mujeres altas son atractivas? ¿Con qué altura pensáis que una mujer es alta? ¿Los españoles os parecen bajitos?)*
- Puedes buscar a tus amigos en una multitud de gente.
- En el cine puedes ver bien la película. *(¿Qué se puede hacer para ver la película en esta situación? ¿Qué otras cosas nos molestan en el cine?)*

EN CONTRA

- Todos te piden ayuda para coger cosas de los armarios. *(¿Qué cosas se guardan en la parte alta de un armario o en un altillo?)*
- No es fácil encontrar ropa y zapatos a la moda, o es mucho más cara. *(¿Qué otro tipo de personas tienen problemas para encontrar ropa y calzado?)*
- Los pies sobresalen de la cama, y a veces hace frío.
- Algunos muebles (sillas, mesas...) son incómodas para los altos, también algunos coches.
- Hay que agacharse para pasar por algunas puertas. *(¿Cuánto mide una puerta normal? ¿Y las puertas del metro? ¿Qué es un chichón?)*
- Por la calle, todo el mundo te mira. *(¿En España (u otro país) la gente mira a quien es diferente? ¿A quien se viste diferente? ¿Es mejor pasar desapercibido? Si te pones un sombrero en España, ¿la gente te mira por la calle?)*
- Es más difícil hacer buena pareja con la gente de menor estatura. *(¿Las mujeres buscan a hombres más bajos que ellas?)*
- Puedes tener problemas cardíacos.

ALOJARSE EN
HOTELES DE
CINCO ESTRELLAS

A FAVOR

- Hay muchas comodidades en las habitaciones. (*¿Cuáles? ¿Cómo son las habitaciones? ¿Es importante la decoración de una habitación de hotel?*)

- El personal del hotel te hace sentir como un rey. (*¿Cómo trata el personal de un hotel de cinco estrellas a un cliente? ¿Es un trato ficticio? ¿Os gustan las atenciones de recepcionistas y camareros?*)

- Es un signo de condición social elevada. (*¿Habéis estado en algún hotel de 5 estrellas alguna vez? ¿Qué hoteles de 4 ó 5 estrellas son famosos en (ciudad)?*)

- Puedes invitar a gente a tu habitación. (*¿Por qué no se puede en hoteles más económicos?*)

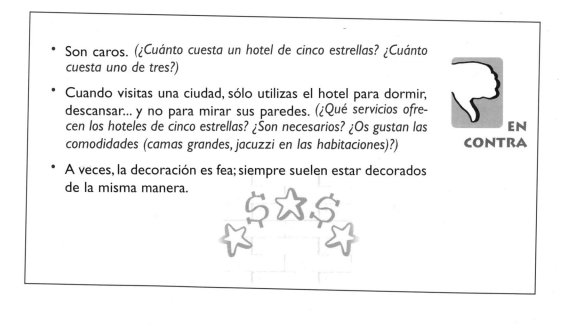

- Son caros. (*¿Cuánto cuesta un hotel de cinco estrellas? ¿Cuánto cuesta uno de tres?*)

- Cuando visitas una ciudad, sólo utilizas el hotel para dormir, descansar... y no para mirar sus paredes. (*¿Qué servicios ofrecen los hoteles de cinco estrellas? ¿Son necesarios? ¿Os gustan las comodidades (camas grandes, jacuzzi en las habitaciones)?*)

- A veces, la decoración es fea; siempre suelen estar decorados de la misma manera.

EN CONTRA

EL TELÉFONO MÓVIL

A FAVOR

- Te pueden localizar fácilmente. (*¿La gente suele usar el teléfono móvil con sensatez? ¿Y los adolescentes? ¿Es necesario para trabajar? ¿En vuestra casa siempre ha habido teléfono? ¿En España, a qué hora es correcto llamar a alguien a su casa?*)

- Si quieres, nunca estás solo.

- Son pequeños y caben en cualquier bolsillo. (*¿Es ya una obligación llevar teléfono móvil?*)

- Puedes saber quién te llama, y, si conviene, no contestar.

- Tienes juegos. (*¿Qué tipo de juegos?*)

- No te hace falta llevar una agenda.

- Te puedes conectar a Internet con el móvil. (*¿Conoces las tecnologías UAP? ¿Son útiles?*)

- Pareces alguien importante y ocupado en cosas interesantes.

- No es justo para quienes llaman desde un teléfono fijo; el servicio es caro. (*¿Cuánto cuesta llamar por teléfono móvil durante un minuto?*)

- Puede afectar a nuestra salud. (*¿Sabéis cómo? ¿Os creéis todo lo que se dice sobre las enfermedades que provocan los teléfonos móviles? ¿A quién le interesan estas noticias?*)

EN CONTRA

- Muchas veces no hay cobertura. (*¿Dónde no hay cobertura?*)

- Hay que preocuparse de recargar las baterías, de recargar la tarjeta...

- En el mercado hay tantas ofertas que es difícil elegir bien.

- Suenan en lugares inoportunos. (*¿En qué lugares se prohíbe tener conectado el teléfono móvil?*) ·

- No es necesario. (*¿Qué motivos da la gente para tener móvil?*)

- Usarlo al conducir puede ser peligroso. (*¿Por qué?*)

- La gente parece estar loca: aparentemente hablan solos.

VIAJAR EN TREN

A FAVOR

(comparado con el avión o el coche)

- Es un transporte muy seguro. *(¿Cuál es el medio de transporte más peligroso? ¿Por qué cuando hay un accidente de avión sale por televisión? ¿Os da miedo montar en un avión? ¿Y en un coche?)*

- Es más barato que el avión. *(Puede compararse el precio de un mismo trayecto en dos tipos de transporte.)*

- Ves los cambios de paisaje y no te sientes desorientado. *(¿Consideráis que esto es importante? ¿Están los trenes asociados a ideas románticas? ¿Qué impresión os da la ciudad de X cuando llegáis a ella en tren?)*

- Te deja en el centro de la ciudad, o en un pueblo pequeño. Hace muchas paradas. *(¿Se puede decir lo mismo de un avión?)*

- Es posible comer, caminar y dormir cómodamente en un tren. *(¿Se come bien en el restaurante de un tren? ¿Qué se puede hacer cómodamente en un tren?)*

- Puede funcionar con energías renovables. *(¿Es un transporte con futuro? ¿Por qué?)*

- No se retrasan tanto como los aviones. *(¿Esto es así en todos los países?)*

- La gente que viaja en tren es más sociable. *(¿Se puede conocer a gente en un tren? ¿Habéis utilizado alguna vez los billete de tipo Inter-rail?)*

- Suele ser lento. *(Se pueden comparar los tiempos en completar distintos recorridos según distintos medios de transporte y juzgar qué es más cómodo.)*

- Es imposible cruzar un océano en tren. *(¿En el futuro será posible? ¿Qué cosas parecían imposibles hace veinte años?)*

- No se puede dormir en un sitio que se mueve tanto. *(¿Se puede dormir en segunda? ¿Y en primera? ¿Y en un coche-cama?)*

EN CONTRA

SER UN NIÑO
(O UNA NIÑA)

A FAVOR

- Puedes dedicar mucho tiempo a jugar. (*¿A qué juegan los niños?*)
- Todo el mundo te dice que eres guapo y te da besos. (*¿A los niños les gusta esto?*)
- Todos los días aprendes muchas cosas nuevas. (*¿A qué edad aprende un niño a caminar? ¿Y a hablar?*)
- No tienes responsabilidades.
- Tienes muchos amigos. (*¿La gente conserva los amigos de su niñez?*)
- Siempre estás con otros niños. (*¿En qué situaciones?*)
- Nunca te dejan solo. (*¿Por qué? ¿Qué puede pasarle a un niño solo?*)
- Vives en un mundo mágico.

EN CONTRA

- Nadie te toma en serio.
- Todo el mundo te ordena hacer cosas. (*¿Qué cosas se ordenan a los niños? ¿Qué obligaciones tienen?*)
- Tienes que ir al colegio, hacer los deberes, ir adonde te dicen tus padres...
- En países del tercer mundo, los niños no tienen infancia, son obreros mal pagados y muy dóciles. (*¿Conocéis grandes empresas occidentales que se aprovechan del trabajo infantil?*)
- La infancia puede determinar el resto de tu vida. (*¿Qué cosas pueden determinar la infancia y el resto de la vida de una persona?*)
- Te dicen que no puedes entender algunas cosas porque eres muy pequeño.

FUMAR

A FAVOR

- Es relajante. *(¿Qué otras cosas relajan? ¿En qué situaciones necesitamos relajarnos?)*
- El Estado tiene que pagar menos pensiones de jubilación.
- Las compañías tabaqueras dan trabajo a mucha gente.
- Sirve para ligar. *(¿Cómo se puede ligar con el tabaco?)*
- Forma parte de hábitos positivos: después de una buena comida se fuma un puro habano.
- Ayuda a no estar inseguro en público. *(¿Qué otras cosas hacemos para no sentirnos inseguros?)*
- Favorece la selección natural de las especies; los tontos viven menos.
- El Estado recauda impuestos. *¿Qué parte del precio del tabaco son impuestos?*

- La gente te mira mal. *(¿En qué situaciones la gente te mira mal? ¿En qué lugares públicos está prohibido fumar?)*
- Mala salud. *(¿Qué problemas de salud tienen los fumadores? ¿Por qué los cigarrillos son tan adictivos?)*
- Gastas dinero en humo. *(¿Es caro fumar? ¿La gente deja de fumar si el tabaco sube mucho de precio?)*
- El Estado gasta más en salud. *(¿Qué problemas de salud provoca el tabaco? ¿Qué enfermedades? ¿Qué pueden hacer los fumadores pasivos?)*
- Los dedos y los dientes están amarillentos. *(¿Este argumento puede ser útil en las campañas publicitarias antitabaco?)*
- Hueles a tabaco. *(¿Qué huele a tabaco en un fumador?)*
- No notas el sabor de los alimentos, del buen vino... *(¿En general, la gente educa el sentido el gusto?)*
- La casa de los fumadores suele estar más sucia.
- Cambia la voz.
- Fumar da mala imagen. *(¿Esto siempre ha sido así? ¿Qué pensáis de un artista de cine que sale por televisión fumando?)*

EN CONTRA

TOCAR EL PIANO

A FAVOR

- Puedes trabajar como pianista. *(¿Dónde? ¿Cómo viven los jóvenes la música?)*
- Puedes disfrutar de la música con intensidad.
- Desarrollas un tipo de inteligencia. *(¿Por qué un niño empieza a estudiar música? ¿Qué tipos de inteligencia existen?)*
- Aprendes música clásica y tienes más cultura. *(¿No es esto un poco esnob?)*
- En algunos círculos sociales, es prestigioso, significa que eres una persona cultivada. *(¿Por qué? ¿Qué instrumentos son fáciles de llevar?)*

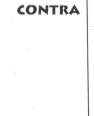

EN CONTRA

- Hay que aprender. *(¿A quién molestas? En general, ¿qué cosas molestan a los vecinos? ¿Tenéis vecinos molestos?)*
- Hay que practicar muchas horas cada día. *(¿Cuántas?)*
- Necesitas mucho espacio para tener un piano en casa.
- Te invitan a sitios para hacerte tocar el piano. *(¿Adónde? ¿Qué otras habilidades te obligan a hacer trabajos gratis?)*
- Es muy caro comprar un piano. *(¿Cuánto cuesta un piano?)*
- La educación musical, en general, es cara. *(¿Dónde se puede estudiar música?)*
- Es frustrante no llegar a ser una estrella.
- Hay que cuidarse la manos, no levantar peso.

USAR COSMÉTICOS

A FAVOR

- Tu aspecto es más agradable o atractivo.
- Estás más seguro de ti mismo. (*¿En qué situaciones?*)
- Das trabajo a muchas personas. (*¿A quienes? Fabricantes de cosméticos, agencias de publicidad, modelos, droguerías...*)
- Es culturalmente enriquecedor: los tatuajes vegetales en el Magreb, las marcas de castas en India...
- Son agradables y huelen bien.

EN CONTRA

- Pasas mucho tiempo pensando en tu aspecto. (*¿Cuánto tiempo puede tardar alguien en maquillarse? ¿Es mucho tiempo?*)
- Gastas dinero en cosméticos. (*¿Son caros los cosméticos? ¿Por qué?, ¿duran mucho?*)
- Te pueden considerar una persona bastante superficial. (*¿Los cosméticos son una manera de engañar a los demás? ¿Y de engañarnos a nosotros mismos?*)
- Dependes de tu aspecto exterior...
- Muchas personas necesitan el maquillaje: si no van maquillados, no salen a la calle. (*¿Conocéis a alguien así? ¿Os parece una actitud saludable?*)
- Hay demasiada publicidad y es confusa. (*¿Las cremas de belleza sirven para algo? ¿Tenéis fe en ellas?*)

LOS ALIMENTOS CONGELADOS

A FAVOR

- Permiten organizarse bien. *(¿Cómo?)*
- Ahorran tiempo porque parte del trabajo ya está hecho. *(¿Qué no hay que hacer? Pelar, cortar, limpiar.)*
- Puedes comer algunos alimentos en cualquier época del año. *(¿Cuáles?)*
- Permiten una dieta más rica y variada. *(¿Cómo es para vosotros una alimentación equilibrada? ¿Os preocupa comer bien?)*
- Puedes comer productos de otros países. *(¿Qué productos se importan/exportan congelados?)*
- Muchas veces son más baratos que los alimentos frescos.
- Se evitan las colas de las tiendas de productos frescos. *(¿En qué tiendas siempre hay colas?)*

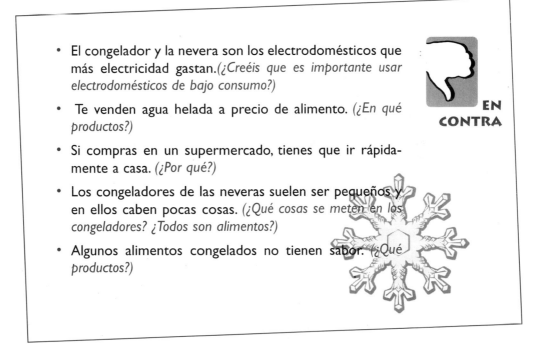

- El congelador y la nevera son los electrodomésticos que más electricidad gastan.*(¿Creéis que es importante usar electrodomésticos de bajo consumo?)*
- Te venden agua helada a precio de alimento. *(¿En qué productos?)*
- Si compras en un supermercado, tienes que ir rápidamente a casa. *(¿Por qué?)*
- Los congeladores de las neveras suelen ser pequeños y en ellos caben pocas cosas. *(¿Qué cosas se meten en los congeladores? ¿Todos son alimentos?)*
- Algunos alimentos congelados no tienen sabor. *(¿Qué productos?)*

EN CONTRA

COMPRAR POR INTERNET

A FAVOR

- Es cómodo: puedes comprar sin salir de casa. (*¿Qué tipo de cosas se venden más por Internet?*)

- Puedes comprar cosas que son difíciles de encontrar en tiendas. (*¿Qué tipo de cosas?*)

- Es útil para personas que viven lejos de zonas comerciales. (*¿Este sistema de compra es más popular para gente de ciudad o de pueblos?*)

- Puedes ahorrar dinero, los precios están muy ajustados. Hay gran variedad de empresas y mucha competencia entre ellas. (*¿Por qué los productos son más baratos? ¿Qué pasa con los intermediarios?*)

- Es fácil hacer trámites bancarios por Internet.

- Suelen regalarte cosas. (*¿Son productos de gran calidad? ¿Los utilizamos para algo? ¿Por qué regalan cosas en la venta por Internet?*)

- Es más difícil malgastar porque siempre sabes cuánto dinero llevas gastado. (*¿Este sistema de compra favorece el consumismo?*)

- Ves el producto sólo en fotografía, pero no puedes tocarlo, probártelo... (*¿Os gusta ir de compras? ¿Qué cosas nunca compraríais por Internet?*)

- A veces el producto tarda en llegar o llega en mal estado. (*¿En vuestro país Correos funciona bien? ¿Es caro?*)

- Devolver los productos es más complicado.

- El pago puede ser poco fiable. (*¿Qué le puede pasar a vuestra tarjeta de crédito?*)

- Algunas empresas .com se arruinan y dejan de dar servicios. (*¿Conocéis algún caso?*)

EN CONTRA

CALUMNIAS

No es agradable ser el blanco de calumnias, rumores y cotilleos, aunque comentar la vida de otros a todos nos cueste poco. En este ejercicio, se coloca a los alumnos en ambas situaciones: ser la víctima de cotilleo y ser cotilla. Esta experiencia se toma como base para reflexionar sobre las calumnias y el hecho de calumniar.

En contra de lo que pueda parecer, éste es un ejercicio desenfadado. Se realiza un pequeño sorteo que asegura el carácter lúdico de la actividad, además la despersonaliza; por otra parte, las calumnias que se proponen son del todo disparatadas.

- **Número de alumnos:** Hasta 10.
- **Preparación previa:** Se fotocopian las "calumnias" sobre cartulina y se recortan todas las tarjetas.

DESARROLLO DE LA SESIÓN:

1. Se pide a cada alumno que escoja un número entre el uno y el diez (no pueden repetirse los números). El profesor toma la tarjeta correspondiente al número y anota el nombre del alumno en el espacio en blanco reservado a tal efecto en la tarjeta; así los alumnos se convierten en sujetos o complementos de las oraciones.

2. Se reparte las tarjetas entre los alumnos, éstos se ponen en pie y buscan a distintos compañeros de clase para "cotillear"; naturalmente, hay que evitar como compañero a la persona a la que se calumnia. Puede mantenerse un diálogo similar a este:
   - *¿Sabes de qué me he enterado?*
   - *No, cuenta, cuenta.*

   El "cotilla" dice su "calumnia".
   - *¿No me digas? No me lo puedo creer. Pues a mí me han dicho que...* Y el segundo "cotilla" dice su "calumnia".

3. Cuando los alumnos han completado 3-4 diálogos, toman asiento y se descubren todas las "calumnias". Es el momento de discutir sobre el cotilleo, el efecto que produce en las personas los comentarios maliciosos... Pueden utilizarse estas preguntas: ¿A la gente le gusta cotillear? ¿Por qué? ¿Queríais saber qué "decían" de vosotros en este ejercicio? ¿Os habéis ofendido? ¿Por qué? ¿Qué es más ofensiva una verdad o una mentira? ¿Tenéis un vecino cotilla? ¿Es recomendable tener mala relación con un vecino cotilla?

CALUMNIAS

1.
....
COLECCIONA ESCARABAJOS MUERTOS

2.
....
TE HA ABOLLADO EL COCHE

3.
....
LE PEGA A SU PERRO

4.
....
ENGAÑA A SU MUJER/MARIDO CON
OTRA/OTRO

5.
....
COPIA EN TODOS LOS EXÁMENES

6.
....
PLANTA MARIHUANA EN EL PATIO DE SU CASA

7.
A ....
LE HAN HECHO LA CIRUGÍA ESTÉTICA

8.
A ....
LE GUSTA COMER OJOS DE CABALLO Y DE OVEJA

9.
....
TIENE SEIS DEDOS EN EL PIE DERECHO

10.
....
RONCA

RUMORES

Seguimos con las calumnias como hilo conductor. Esta vez, sin embargo, proponemos un ejercicio de conversación más libre, ya que se trata, en esencia, de inventar, imaginar y de ser un poco malicioso. El centro de los rumores son personajes inventados o hechos ficticios; de esta forma la despersonalización es total y la libertad para rumorear no está coartada.

- **Número de alumnos:** Hasta 18 (en grupos de 5-6).

- **Preparación previa:** Se fotocopian las tarjetas sobre cartulina y se recortan, teniendo en cuenta que cada grupo de alumnos necesitará un juego completo.

DESARROLLO DE LA SESIÓN:

1. Se reparte una tarjeta a cada alumno y éstos mantienen pequeños diálogos por parejas, dentro de su grupo:

   – *¿Sabes una cosa?...*
   – *Pues, mi vecina me ha dicho que...*

   Todos pueden añadir comentarios de su propia cosecha o utilizar los que ha oído de sus compañeros. Además, quienes poseen las tarjetas del tipo "inventa" tienen que agudizar más el ingenio y la imaginación; pueden recurrir a información diferente en cada minidiálogo.

2. Puesta en común. Toda la clase analiza la situación propuesta y cómo evolucionan los rumores. Pueden formularse preguntas de este estilo:

   – *¿Qué os habéis inventado? ¿Todos los grupos se han imaginado lo mismo?*
   – *En general, ¿pensamos bien de la gente? ¿Por qué?*
   – *¿Qué imagináis de X? ¿Cómo os imagináis a X?*
   – *¿Cómo evoluciona un rumor? ¿Cómo empieza? ¿Cómo acaba?*
   – *Se pueden establecer las diferencias culturales.*

GRUPO 1

MATERIAL
PARA SER
FOTOCOPIADO
SOBRE
CARTULINA
Y
RECORTADO

Mercedes ya no trabaja en la tienda	Mercedes le pide dinero a su padre
Mercedes tiene un bebé de dos meses	Mercedes sale cada día de su casa a las 10 de la noche
Inventa algo sobre Mercedes	Inventa algo sobre Mercedes

GRUPO 2

El banco no tiene fondos	Nadie sabe dónde está el director del banco
Mañana el banco no abrirá	La policía investiga al director del banco
Inventa algo sobre un banco	Inventa algo sobre un banco

GRUPO 3

Manuel lleva peluquín	Manuel tiene un ojo de cristal
Manuel tiene más de 60 años	Manuel sale con un chico de 20 años
Inventa algo sobre Manuel	Inventa algo sobre Manuel

GRUPO 4

MATERIAL
PARA SER
FOTOCOPIADO
SOBRE
CARTULINA
Y
RECORTADO

Adelaida se ha casado cinco veces	El segundo marido de Adelaida murió mientras dormía
El tercer marido de Adelaida le dejó mucho dinero	Adelaida estudió enfermería
Inventa algo sobre Adelaida	Inventa algo sobre Adelaida

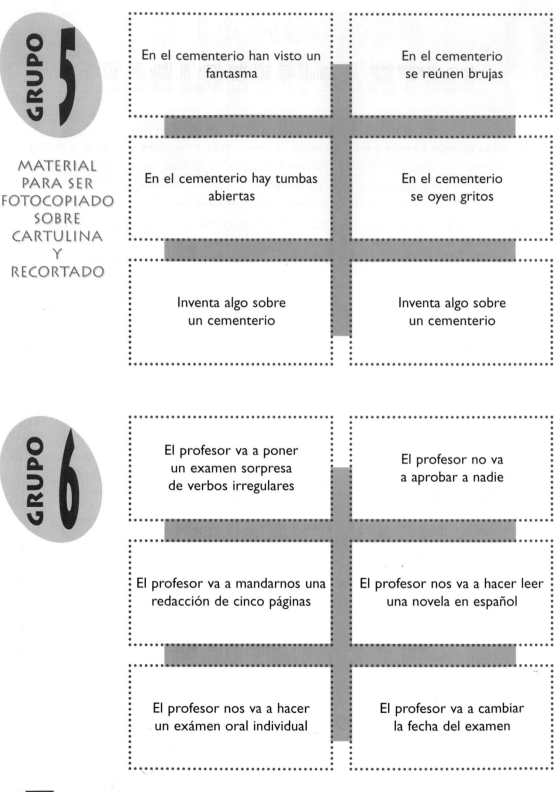

GRUPO 5

MATERIAL
PARA SER
FOTOCOPIADO
SOBRE
CARTULINA
Y
RECORTADO

En el cementerio han visto un fantasma

En el cementerio se reúnen brujas

En el cementerio hay tumbas abiertas

En el cementerio se oyen gritos

Inventa algo sobre un cementerio

Inventa algo sobre un cementerio

GRUPO 6

El profesor va a poner un examen sorpresa de verbos irregulares

El profesor no va a aprobar a nadie

El profesor va a mandarnos una redacción de cinco páginas

El profesor nos va a hacer leer una novela en español

El profesor nos va a hacer un exámen oral individual

El profesor va a cambiar la fecha del examen

PERSONAL E INTRANSFERIBLE

Se utiliza un texto breve para presentar un tema, definir un tono y traer a la memoria del alumno recuerdos personales similares. Los textos se analizan a través de preguntas que el profesor formula a los alumnos. En este punto, los alumnos son libres de exponer vivencias personales, casos que conocen... o de no hacerlo.

Temáticamente, este ejercicio se caracteriza por recurrir a cuestiones personales, aunque no íntimas; algunos temas de carácter entrañable pueden explicarse sin mayor reserva, es más, son una buena base para favorecer el conocimiento de unos y de otros.

- **Número de alumnos:** Hasta 15.
- **Preparación previa:** Preparar copias de la situación y del vocabulario para cada alumno.

DESARROLLO DE LA SESIÓN:

1. El día anterior a la sesión de conversación, se distribuye un copia con el vocabulario activo, a modo de preparación.

2. El día en que se desarrolla la sesión de conversación, se lee el texto y se formulan preguntas sobre él.

3. Finalmente, se distribuye también la copia que explica las situaciones.

SUEÑOS

1. Yo hacía el examen de filosofía. Las preguntas parecían fáciles y yo las respondía todas, pero después, cuando me devolvían el examen, las respuestas no estaban y el profesor me suspendía con un cero.

2. Yo corría por el campo y cada paso era muy largo, casi volaba. Sólo los dedos de los pies tocaban el suelo y yo pensaba: ¡Qué bien, no me canso!

3. Me tocaba un diente y se caía, me tocaba otro diente y también se caía. Al final, no me quedaba ningún diente en la boca.

VOCABULARIO:

Se usa imperfecto de indicativo para explicar sueños.

- **Un examen de algo** (c.p. de lengua, de historia, de dibujo).
- **Ser fácil** [algo].
  Este ejercicio es fácil, todos los alumnos lo han hecho bien.
- **Ser difícil** [algo].
  Este ejercicio es difícil, casi todos los alumnos lo han hecho mal.
- **Responder algo** [alguien].
  Sólo he respondido tres preguntas, en una no sabía qué poner.
- **Devolver algo a alguien** [alguien].
  Esa pelota es mía, devuélvemela.
- **Correr** [alguien].
  ¡Corre! No me gusta correr, prefiero hacer las cosas bien y con tranquilidad.
- **Un paso** (=la distancia de un pie al otro, al caminar) (n.).
- **Cansarse** [alguien].
  Un niño pequeño no puede caminar mucho rato, se cansa.
- **Tocarse algo** [alguien].
  Tócame la frente, ¿crees que tengo fiebre?
- **Caerse** [algo] (suj. los dientes, las hojas de los árboles).
  En otoño, las hojas de los árboles se caen.
- **Quedar** [algo] (=hay).
  Queda un yogur en la nevera.
- **Un diente** (véase ilustración).

diente

MATERIAL PARA SER FOTOCOPIADO SOBRE PAPEL

- ¿Antes de un examen, soñáis que aprobáis? ¿Interpretáis el sueño de alguna manera concreta?
- ¿Conocéis el significado de los sueños? ¿Qué significa soñar con dientes?
- ¿Qué supersticiones conocéis referidas a sueños?
- ¿Soñáis cada día?
- ¿Soñáis en color o en blanco y negro?
- ¿Qué sueños os parecen agradables?
- ¿Normalmente recordáis qué soñáis?
- ¿Qué es mejor hacer cuando te despiertas por culpa de una pesadilla?

UNA TARDE PERFECTA

1. Estoy solo en casa y puedo leer el periódico tranquilamente sentado en un sillón cómodo, con una buena taza de café al lado. Nadie me interrumpe, nadie me molesta y el teléfono no suena. ¿Qué más se puede pedir?

2. Los amigos nos reunimos para jugar a las cartas y tomarnos unas cervecitas. Uno dice una cosa, otro dice otra y así pasamos la tarde.

3. Voy en bicicleta montaña arriba. No hace ni frío ni calor. Oigo las hojas de los árboles y los pájaros que pían. Cuando llego arriba, tomo un trago de agua. ¡Qué buena está!

VOCABULARIO:

- **Estar en algún sitio** [alguien] (sigue el presente de indicativo).
  Estoy en un cabina (telefónica), no te oigo bien.

Yo estoy	aquí, en el cuarto de baño, en Moscú
Tú estás	cansado/cansada, sentado/sentada
Él está	durmiendo, paseando, nadando
Nosotros estamos	aquí, en el cuarto de baño, en Moscú
Vosotros estáis	cansados/cansadas, sentados/sentadas
Ellos están	durmiendo, paseando, nadando

- **Una taza de algo** (c.p. de café, de chocolate, de té) (=contenido).

- **Interrumpir a alguien** [alguien o algo].
  Ella siempre me interrumpe cuando yo hablo.
- **Molestar a alguien** [alguien o algo].
  ¿Puedes apagar el cigarrillo? Es que me molesta el humo.
- **Pedir algo a alguien** [alguien] (o.d. un favor, una cosa).
  Luisa me ha pedido mi vestido largo azul para ir a una fiesta.
- **Una carta** = un naipe (véase ilustración).
- **La cerveza** (=un tipo de bebida), una cerveza (=en un vaso o en una botella), una cervecita (=en un vaso o en una botella) (pop.); el vino (=un tipo de bebida), un vino (=en un vaso o en una botella), un vinito (=en un vaso, o en una botella) (pop.).

* cartas

- **Pasar algo** [alguien] (c.c. en modo acusativo la tarde, las horas, un día).
  ¿Cuánto tiempo pasasteis en Madrid? Pasamos dos días en Madrid.
- **Un trago de algo** (c.p. de agua, de vino).
- **Oír algo** [alguien] (sigue el presente de indicativo).
  He oído un ruido.

Yo oigo	música
Tú oyes	un ruido
Él oye	gritos
Nosotros oímos	una canción
Vosotros oís	una explosión
Ellos oyen	ladridos

PREGUNTAS ADICIONALES:

- ¿Vuestra "tarde perfecta" se parece a alguna de éstas?
- ¿En qué cosas es distinta? Se trata de preguntar sobre los detalles, por ejemplo: ¿Tomas un café o un refresco? ¿El silencio y la tranquilidad son importantes? ¿Preferís una fiesta con mucha gente?
- ¿Qué pensáis del tercer texto? ¿Por qué la "tarde perfecta" puede ser tan cansada?
- ¿Qué aficiones practica la gente en su tiempo libre?
- ¿Se puede tener a menudo una tarde perfecta?

AQUEL DÍA HORRIBLE

1. Veía por televisión el partido de fútbol y de repente el televisor se estropeó. Al día siguiente todo el mundo hablaba del partido: ¿Viste el primer gol? ¿Viste el penalti que fallaron?... No, yo no vi nada.

2. Fuimos al aeropuerto a las diez de la mañana y subimos al avión a las nueve de la noche. ¡Qué manera tan tonta de perder el tiempo! Los pilotos estaban en huelga, pero nadie nos informó de nada.

3. Me comí un plato de ostras, otro de gambas con salsa mahonesa, unas almejas a la marinera y también mejillones con limón. Unas horas más tarde empezó a dolerme el estómago, vomité durante toda la noche y estaba muy mareado. ¡Qué mal lo pasé!

VOCABULARIO:

- **Un partido de algo** (c.p. de fútbol, de tenis, de baloncesto).
- **Una partida de algo** (c.p. de ajedrez, de cartas, de parchís).
- **De repente** (loc. adv.).
  Estaba durmiendo y de repente me despertó un ruido.
- **Hablar de algo** [alguien].
  Háblame de ti. Todos hablamos del tiempo en los ascensores.
- **Fallar algo** [alguien].
  He fallado la pregunta cinco.
- **Ir a algún sitio** [alguien] (sigue el presente de indicativo).
  Voy al cine, ¿quieres venir?

Yo voy	al cine, al teatro, al circo
Tú vas	a casa, a Televisión Española, a Correos
Él va	a Portugal, a Colombia, a China
Nosotros vamos	a la cárcel, a la farmacia
Vosotros vais	a descansar, a pensar, a comprar
Ellos van	a dormir, a trabajar, a cenar

- **Un aeropuerto** (=donde cogemos aviones), una estación de tren (=donde cogemos trenes), una estación de autobuses (=donde cogemos autobuses), el puerto (=donde cogemos barcos).
- **Estar en huelga** [alguien].
  Los trabajadores de Telefónica están en huelga, para pedir aumento de sueldo.
- **Informar de algo a alguien** [alguien].
  Nadie nos ha informado de nada, esperamos desde hace dos horas.

- **Marisco**: ostra, gamba, almeja, mejillón (véase ilustración).
- **Vomitar** [alguien].
  Si veo pescado podrido, vomito.
- **Estar mareado** [alguien].
  Abre la ventana, Gustavo está mareado.
- **Marearse** [alguien].
  Abre la ventana, Gustavo se ha mareado.
- **Pasarlo** [alguien] (c.c.m. bien, mal, regular).
  Lo pasé bien en la fiesta.

PREGUNTAS ADICIONALES:

- ¿Os ha pasado algo parecido? ¿En qué es diferente?
- ¿Por qué es importante para algunas personas ver un partido de fútbol?
- ¿Quién suele estar siempre en huelga?
- ¿Qué suelen pedir los huelguistas?
- ¿Podéis comer tanto como la persona del tercer ejemplo? De los alimentos que toma esta persona, ¿hay algo que no os gusta?
- ¿Se puede culpar a la mala suerte en estos ejemplos?

TRAVESURAS DE NIÑOS

1. Cuando yo era pequeña, cazaba hormigas, las metía en un bote de cristal y dejaba el bote al sol. Las pobres hormigas se morían y yo no entendía por qué.

2. Yo les sacaba los ojos a las muñecas de mi hermana. Entonces ella se ponía a llorar y mi madre me castigaba sin salir a la calle a jugar con mis amigos.

3. Un día cogí un bote de pegamento y pegué en las paredes todos los papeles que encontré en casa. Mi padre, que es profesor, se enfadó mucho conmigo por estropear los exámenes de sus alumnos.

4. Yo abría los cajones de los muebles y sacaba de ellos todo lo que había dentro. Cuando mi madre me descubría, me reñía y me daba en el culo, pero yo seguía vaciando los cajones.

- **Cazar algo** [alguien] (o.d. leones, lobos, jabalíes, perdices).
  No se pueden cazar lobos, está prohibido.
- **Material: un bote de algo** (c.p. de cristal, de plástico).
- **Contenido: un bote de algo** (c.p. de pegamento, de crema) (véase ilustración).
- **Entender algo** [alguien].
  No lo entiendo, explícamelo otra vez.
- **Sacar algo de algo** [alguien].
  Saca el monedero del bolso y paga.
- **Ponerse a +** infinitivo [alguien] (=empezar).
  Si me pongo a comer, alguien llama por teléfono. Si canto, se pone a llover.
- **Castigar a alguien** [alguien].
  El profesor me ha castigado; tengo que escribir 100 veces:"no hablaré más en clase".
- **Salir a algún sitio** [alguien] (sigue el presente de indicativo).
  Siempre salgo al balcón si quiero fumar.

Yo salgo	del ascensor
Tú sales	a la calle
Él sale	del aula de dibujo
Nosotros salimos	a tomar copas
Vosotros salís	de los lavabos (en un colegio)
Ellos salen	a la compra

- **Enfadarse** [alguien].
  Mamá se ha enfadado por mi culpa.

pegamento

- ¿Qué travesura os parece peor?

- ¿Conocéis travesuras parecidas a éstas?

- ¿Los niños son crueles? ¿Por qué hacen estas cosas?

- ¿Podéis recordar las travesuras que hacíais de pequeños u os las han contado? ¿De qué edad tenéis recuerdos?

- ¿Debemos castigar a los niños por sus travesuras? ¿Cómo? (No ver televisión, jugar con amigos, no comer el postre favorito...)

MATERIAL PARA SER FOTOCOPIADO SOBRE PAPEL

LAS MADRES Y SUS MANÍAS

1. Por las mañanas, antes de ir al colegio, mi madre me hacía tomar un vaso de leche muy, muy caliente. O soplabas durante media hora o te quemabas la lengua.

2. De pequeño no me gustaban los guisantes, pero mi madre me obligaba a comérmelos; si no los acababa para comer, aparecían para cenar, o en la comida del día siguiente.

3. Mi madre me ponía unas faldas y vestidos muy cortos, y yo enseñaba las braguitas por la calle. No me gustaban esos vestidos, quizá por eso ahora no llevo nunca minifaldas.

VOCABULARIO:

- **Hacer + infinitivo + a alguien** [alguien].
  Mi padre me hace cortar el césped del jardín todos los sábados.
- **Soplar** [alguien]. *Sopla y el globo se inflará.*
- **Quemarse algo** [alguien].
  Me he quemado el brazo con aceite hirviendo.
- **La lengua** (véase ilustración).
- **Gustar a alguien** [algo].
  Me gustan sus canciones. ¿Te gusta el plátano?
- **Obligar a alguien a +** infinitivo [alguien].
  Nadie te puede obligar a trabajar con él.
- **Poner algo a alguien** [alguien] (sigue el presente de indicativo).
  Le he puesto otro jersey al niño, hace más frío ahora.

Yo pongo	esto aquí
Tú pones	la silla junto a la mesa
Él pone	los platos dentro del armario
Nosotros ponemos	los yogures en la nevera
Vosotros ponéis	esta carpeta al lado del diccionario
Ellos ponen	velas en las habitaciones

- **Enseñar algo a alguien** [alguien] (=mostrar).
  Enséñame la lengua, di a, respira, tose.
- **Unas bragas** (=un tipo de ropa interior), unas braguitas (pop.).

lengua

PREGUNTAS ADICIONALES:

- ¿Qué tipo de cosas repiten siempre las madres?
- ¿Las abuelas son iguales que las madres?
- Si se detectan diferencias culturales, puede hablarse sobre ellas.
- ¿Tenéis manías con algún alimento? ¿A qué edad empiezan este tipo de manías?

TESTS

Los tests son un instrumento válido para iniciar clases de conversación guiada; está asegurado captar la atención del alumno porque los tests inciden sobre la vanidad de las personas, que todos en mayor o menor medida tenemos. Muchas revistas suelen disponer de una sección dedicada a este tipo de pruebas, sobre todo las dirigidas al público femenino; sin embargo, no es recomendable tomar los tests directamente, ya que este hecho presenta algunos inconvenientes:

1. Suelen ser demasiado largos para una única sesión de una hora (o menos). Una vez iniciado el ejercicio, todos sienten curiosidad por conocer en qué categoría resultan estar; ello obliga a pasar someramente por muchas preguntas, sobre todo las del final, sin llegar a extraer toda la sustancia. Los tests de las revistas pueden aportar ideas interesantes, pero muchas veces es necesario acortarlos, sobre todo en los niveles inicial e intermedio.

2. Suelen redactarse en un vocabulario actual y vivo. Esto, que en principio no es un inconveniente, sí lo es cuando el texto está plagado de referencias culturales, frases hechas, jerga juvenil... Cuando a una frase hecha sigue otra, además en oraciones tan breves que no permiten la deducción del significado por el contexto (p. ej., en las opciones de cada pregunta), el alumno se siente perdido. Esto añadido al punto anterior puede acabar de arruinar una clase guiada con test. Aquí, de nuevo se impone la selección para poder ahondar en los aspectos que cumplen nuestro propósito.

Los tests propuestos a continuación buscan el equilibrio entre la extensión y la riqueza léxica. El test es sólo un apoyo para favorecer la conversación: las respuestas de los alumnos se comparan (¿cuántos habéis contestado *a*?), se muestra sorpresa ante el dominio de determinado tipo de respuestas y se piden explicaciones u opciones alternativas, si alguien no encuentra reflejado su caso entre las opciones del test.

Cada test está acompañado de material complementario que insiste sobre el vocabulario significativo; se proporcionan contextos distintos para facilitar la asimilación. Este material puede distribuirse el día anterior a la clase de conversación para abonar el terreno, o el mismo día junto al test. En cualquiera caso puede recurrirse a él en el desarrollo de la clase de conversación.

En esta edición hemos intentado mostrar distintos tipos de test: los dos primeros son bastante clásicos (*Un lugar para las vacaciones* y *¿Eres un mentiroso?*), para cada pregunta se presentan tres opciones, con distinta valoración; los dos siguientes (*¿Derrochas el dinero?* y *¿De qué te ríes?*) están pensados para sesiones cortas, sólo presentan dos posibles respuestas, también con distinta valoración; *Elige tu mascota* está diseñado como un algoritmo y es adecuado para principiantes, y *El test del lagarto* es un falso test, es un pequeño ejercicio de manipulación que suele dejar a más de uno con la boca abierta.

- **Número de alumnos:** Hasta 15.
- **Preparación previa:** Es necesario hacer copias del test y del vocabulario para todos los alumnos.

DESARROLLO DE LA SESIÓN:

1. Se reparten las copias del test y se establece un tiempo prudencial para que los alumnos lean las preguntas, las contesten y obtengan un "diagnóstico" (4-8 minutos).

2. Se establece un diálogo entre el profesor y sus alumnos: se revisan las respuestas y éstas se toman como apoyo para formular preguntas.

TEST 1

UN LUGAR PARA LAS VACACIONES

1. ¿Qué haces los domingos?
- **a.** Me levanto tarde, desayuno tarde... Los domingos son para no hacer nada.
- **b.** Voy a pasear, al cine o a ver amigos. Me gusta la calma.
- **c.** Voy a comer a un restaurante estupendo que está a unos 200 kilómetros de aquí.

2. Cuando pasas la noche en un hotel...
- **a.** Organizas una fiesta en tu habitación.
- **b.** No puedes dormirte. La cama es incómoda.
- **c.** Te duermes rápidamente, como siempre.

3. Quieres ir a X, pero en la agencia de viajes te dicen que no quedan billetes de avión, plazas en un hotel...
- **a.** Bueno, otra vez será. Hay que reservar con más antelación.
- **b.** No hay plazas para X, pero sí para Y.
- **c.** ¡Qué lástima, con las ganas que tenía de ir a X!

4. Vas a cenar a un restaurante exótico y...

    a. Pides algo que no conoces; te ha gustado el nombre de ese plato.

    b. Preguntas al camarero qué ingredientes lleva cada plato y luego decides.

    c. Pides una tortilla y unas patatas fritas... Esas cosas de la carta son muy raras.

5. Un amigo te enseña las fotografías de sus vacaciones:

    a. *¡Qué fotos tan mal hechas! ¿Por qué no ha comprado postales?*, piensas.

    b. *¡Qué sitio tan bonito!*, piensas.

    c. *¡Qué pesado, cuántas fotos!*, piensas.

RESPUESTA AL TEST:

Suma los puntos obtenidos según esta tabla:

	A	B	C
1	0	4	8
2	8	0	4
3	0	8	4
4	8	4	0
5	0	8	4

- Entre 0 y 10 puntos. ¿Por qué vas de vacaciones? A ti te gusta quedarte en tu casa y tener cerca tus cosas.

- Entre 11 y 30 puntos. Ir de vacaciones sí, pero cómodamente y sin complicaciones. Las aventuras mejor por la tele.

- Entre 31 y 40 puntos. Ve a un país lejano y exótico. Allí encontrarás las aventuras que buscas.

VOCABULARIO:

- **Pasear** [alguien]. *El parque es un buen lugar para pasear.*
- **Distancia**: a + número + kilómetros de aquí.
  Sevilla está a 45 kilómetros de aquí.
- **Pasar algo en algún sitio** [alguien]. *He pasado las vacaciones (de verano) en Benidorm.*
- **Reservar algo** [alguien]. *¿Ha reservado mesa, señor?*
- **Estar reservado** [algo]. *Esta mesa está reservada para un buen cliente nuestro.*
- **Una plaza de algo** (c.p. de hotel, de avión; de funcionario).
- **Conocer algo** [alguien] (sigue el presente de indicativo).
  ¿Conoces Zaragoza?

Yo conozco	a Raquel, a Ernesto, a Ana
Tú conoces	al presidente, a este chico, a esa mujer
Él conoce	la dirección, el teléfono (de alguien)
Nosotros conocemos	la solución, las preguntas
Vosotros conocéis	un camino, un atajo, una ruta
Ellos conocen	un restaurante, un buen hotel

- **Llevar** algo [algo].
  La tortilla de patatas lleva: huevo, patatas, sal, aceite de oliva y, a veces, cebolla.

- **Un plato** (=alimentos preparados).

- **Un camarero** (=lleva y trae platos de la cocina al comedor de un restaurante).

- **Pensar algo** [alguien] (sigue el presente de indicativo).
  Yo no pienso nada.

Yo pienso	en ti, en nosotros, en mí
Tú piensas	en las vacaciones, en la familia
Él piensa	venir aquí, estudiar Derecho (intención)
Nosotros pensamos	rápido, poco, mucho, mal
Vosotros pensáis	esto, así
Ellos piensan	una respuesta

- **Una aventura** (n.).

PREGUNTAS ADICIONALES:

– ¿Por qué nos gusta ir de vacaciones?

– ¿Qué países conocéis?

– ¿Qué países os gustaría conocer? ¿Por qué? ¿Qué sabéis de ellos?

– ¿Os gusta ir solos de vacaciones? ¿Con la familia? ¿Con amigos?

TEST 2

¿ERES UN MENTIROSO?

1. Hoy estás de mal humor, nada te sale bien. Te encuentras con un amigo y te dice: *¡Hola! ¿Qué tal?* Y tú contestas:

   a. *¡Bien, bien! ¿Y tú?*
   b. *Así, así,* con una sonrisa.
   c. *Fatal, hoy todo me sale mal.*

2. Tu mejor amigo está casado con una chica que lo engaña... pero él no lo sabe. Un día, hablando, hablando, tu amigo te dice: *¡Qué suerte tuve cuando me casé con Marta!* y tu le dices:

    a. *¡Enhorabuena! Te envidio, chico.*
    b. *Mira, mira, por ahí pasa un avión.*
    c. *Manolo, amigo mío, tengo que hablar contigo sobre Marta.*

3. Una señora muy mayor te pregunta: *¿Cuántos años me echas?* Y tú contestas:

    a. *15, año arriba, año abajo.*
    b. *65.*
    c. *¿78?*

4. Conoces a un/una chico/a guapísimo/a y, hablando, hablando, te pregunta: ¿Has estado alguna vez en Madrid? Y tú contestas:

    a. Sí, una vez.
    b. Muchas veces: la Torre Eiffel, el Camp Nou... es una ciudad maravillosa.
    c. No, nunca.

5. Un compañero de trabajo todavía no ha llegado. El jefe te pregunta dónde está esa persona y tú respondes:

    a. Hoy no ha venido.
    b. Todavía no ha venido.
    c. Ha ido un momento al lavabo.

RESPUESTA AL TEST:

Suma los puntos obtenidos según esta tabla:

	A	B	C
1	8	4	0
2	8	7	4
3	4	8	0
4	8	8	0
5	0	4	8

- Entre 0 y 10 puntos. Siempre o casi siempre dices la verdad; el problema es que a veces la verdad ofende. Más que sincero, eres un bruto.
- Entre 11 y 30 puntos. No te gusta mentir, pero, a veces, no se puede hacer otra cosa.
- Entre 31 y 40 puntos. Eres un artista de la mentira.

VOCABULARIO:

- **Ser (un) mentiroso** [alguien].
  Eso no es verdad, eres un mentiroso.

- **Estar de mal humor** [alguien].
  No le preguntes nada a Natalia, hoy está de mal humor.

- **Una sonrisa** (n.).

- **Sonreír** [alguien].
  Sonríe, di: "Luis".

- **Engañar a alguien** [alguien].
  Ese vendedor me ha engañado: me dijo que el pañuelo era de seda y es de poliéster.

- **Envidiar a alguien** [alguien].
  Tiene una vida maravillosa, pero yo no la envidio.

- **Pasar por algún sitio** [algo o alguien].
  El tren no pasa por mi pueblo.

- **Tener que** + infinitivo [alguien].
  Tengo que acabar esto antes del martes.

- **Echar años a alguien** [alguien].
  ¿Cuántos años me echas?

- **Ofender a alguien** [algo].
  Tu pregunta me ofende.

PREGUNTAS ADICIONALES:

- ¿Decís muchas mentiras?
- ¿Se puede decir siempre la verdad?
- ¿Qué preguntas incómodas hace la gente?
- ¿Cuando alguien pregunta *cómo estás*, es de mala educación explicar todas nuestras penas?
- ¿Sois buenos calculando la edad? ¿Es de mala educación acertar?
- ¿Hay compañerismo en las empresas?
- ¿En qué situaciones más decimos mentiras?

¿DERROCHAS EL DINERO?

		SÍ	NO
1.	Te gusta llevar mucho dinero en la cartera.	☐	☐
2.	Siempre debes dinero a alguien.	☐	☐
3.	Si un amigo te pide dinero, se lo prestas.	☐	☐
4.	Antes de comprar algo, miras el precio en varias tiendas.	☐	☐
5.	En el banco guardas los ahorros de varios años.	☐	☐
6.	Si algo es muy caro, no lo compras.	☐	☐
7.	Prefieres pagar un poco más por algo de buena calidad.	☐	☐
8.	Te gusta hablar de dinero.	☐	☐
9.	Invitas a amigos a comer en restaurantes.	☐	☐
10.	Cuando compras algo caro, le dices a todo el mundo cuánto te has gastado.	☐	☐

RESPUESTA AL TEST:

Suma los puntos obtenidos según esta tabla:

	1	2	3	4	5	6	7	8	9	10
SÍ	1	1	1	0	0	0	0	1	1	1
NO	0	0	0	1	1	1	1	0	0	0

- Entre 0 y 2 puntos. A veces te llaman tacaño, pero te da igual. Tú tienes tus ahorros y eres feliz contándolos.

- Entre 3 y 6 puntos. En general gastas el dinero con buen juicio; el dinero cuesta mucho ganarlo.

- Entre 7 y 10 puntos. Tienes un agujero en el bolsillo. El dinero desaparece de tus manos rápidamente. ¿Qué haces?

VOCABULARIO:

- **Llevar algo a algún sitio** [alguien].
  Lleva esta sopa a la mesa cinco.
- **Deber algo a alguien** [alguien].
  Olga me debe dinero.
- **Prestar algo a alguien** [alguien].
  Le presté dinero a Olga.

- **Los ahorros** (=el dinero que se ha ahorrado).
- **Ahorrar algo** [alguien] (=acumular dinero).
  He ahorrado dinero para comprar un coche.
- **Ahorrarse algo** [alguien] (=pagar menos dinero).
  Si compras dos jerséis, te ahorras la mitad del precio de uno.
- **Ser caro** [algo].
  Estos pantalones son caros; en la tienda de la otra calle los venden a mitad de precio.
- **Ser barato** [algo].
  Los viajes a España son baratos.
- **Preferir algo a algo** [alguien] (sigue el presente de indicativo).
  Prefiero el café al té.

Yo prefiero	éste (a aquél)
Tú prefieres	el café (al té)
Él prefiere	reír (a llorar)
Nosotros preferimos	Daniel (a Úrsula)
Vosotros preferís	el campo (a la ciudad)
Ellos prefieren	la carne (al pescado)

- **La calidad de algo** (=si es bueno o malo).
- **Una cantidad de algo** (=si hay mucho o poco).
- **Ser (un) tacaño** [alguien].
  Le gusta esa camisa, pero no se la compra porque es un tacaño.
- **Tener buen juicio** [alguien].
  Raúl tiene buen juicio, él sabe lo que tiene que hacer.

PREGUNTAS ADICIONALES:

- ¿En tu país, la gente pregunta a un conocido cúanto dinero gana (en su trabajo) o qué cantidad tiene en el banco? ¿Se considera una falta de educación?

- ¿Qué es caro y qué es barato? (Poned ejemplos: un Mercedes a 1000 euros, ¿es caro o barato? ¿Y una bolsa de pipas a 100 euros?

- ¿En tu país los bancos son seguros?

- ¿Hay mucha diferencia de precio entre tiendas por un mismo producto? ¿Entonces por qué miramos?

- ¿En qué caso prestáis dinero a un amigo?

- ¿Con las tarjetas de crédito, la gente ahora lleva mucho dinero en metálico? ¿A los hombres les gusta enseñar más dinero que a las mujeres?

¿DE QUÉ TE RÍES?

	SÍ	NO

¿Qué te hace reír?

1. Alguien se cae al suelo de forma cómica.

2. Dos payasos se lanzan pasteles a la cara.

3. Un amigo hace un comentario irónico sobre tu peinado o tu ropa.

4. Un amigo cuenta un chiste feminista o machista.

5. Te caes al suelo de forma cómica.

¿Qué programas de televisión te gustan? **SÍ NO**

6. Algunas series estadounidense de televisión.

7. Algunas series inglesas de televisión.

8. Los programas de cámaras ocultas.

9. Los programas de vídeos domésticos que envían telespectadores.

10. Los concursos de conocimientos.

RESPUESTA AL TEST:

Suma los puntos obtenidos según esta tabla:

	1	2	3	4	5	6	7	8	9	10
SÍ	I	I	I	I	I	I	0	I	I	I
NO	0	0	0	0	0	0	I	0	0	0

- Entre 0 y 3 puntos. Muchas veces te dicen que no tienes sentido del humor, pero no es cierto. Algunas cosas más que risa dan pena.

- Entre 4 y 6 puntos. La risa es importante y la vida hay que tomarla con buen humor.

- Entre 7 y 10 puntos. Todo te hace reír, incluso lo que no tiene gracia. ¡A vivir que son dos días!

VOCABULARIO:

- **Un payaso** (=trabaja en circos, hace reír y va disfrazado).
- **Lanzar algo a alguien** [alguien].
  Tú le lanzas la pelota a Teresa, Teresa la pasa a Noelia y ella lanza a canasta.

- **Caerse** [alguien] (sigue el presente de indicativo).
  Me caí y me rompí un hueso.

Yo me caigo	al suelo
Tú te caes	al agua
Él se cae	al río
Nosotros nos caemos	de la silla
Vosotros os caéis	de la cama
Ellos se caen	del sofá

- **Un pastel** (véase ilustración).
- **Un programa de televisión** (=un concurso, una serie, un informativo).
- **Una serie de televisión** (=explica una historia en muchos capítulos).
- **Tener sentido del humor** [alguien].
  Ríete, ¿es que no tienes sentido del humor?
- **Tener gracia** [algo].
  Tus chistes no tienen gracia: no hacen reír a nadie.
- **A** + infinitivo (=con valor imperativo).
  ¡A comer! ¡A dormir!

pastel →

TEST 5

ELIGE TU MASCOTA

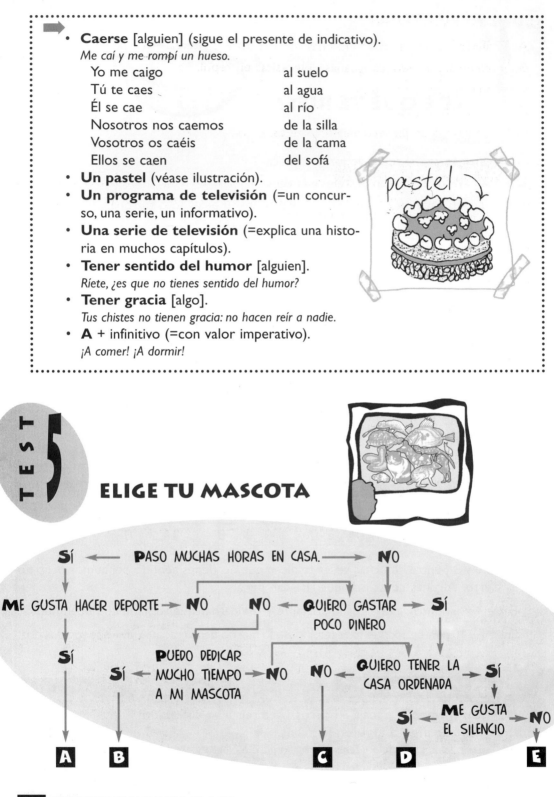

SÍ ← PASO MUCHAS HORAS EN CASA. → NO

ME GUSTA HACER DEPORTE → NO   NO ← QUIERO GASTAR → SÍ
                                          POCO DINERO

SÍ   PUEDO DEDICAR
              SÍ ← MUCHO TIEMPO → NO   NO ← QUIERO TENER LA → SÍ
                    A MI MASCOTA   CASA ORDENADA

                                              SÍ ← ME GUSTA → NO
                                                    EL SILENCIO

A   **B**   **C**   **D**   **E**

¿CUÁL ES TU LETRA?

A. Tu animal es un perro, además hay muchas razas distintas.

B. Serpientes, camaleones, iguanas... Necesitas un reptil.

C. Tu animal ideal es un gato.

D. ¿Qué tal un hámster?

E. Un canario o un jilguero alegrarán tu casa.

VOCABULARIO:

- **Elegir algo** [alguien] (sigue el presente de indicativo).
  No sé cuál elegir, todos son bonitos.

Yo elijo	éste, ése, aquél
Tú eliges	uno, una, unos, unas
Él elige	el más grande, el más feo
Nosotros elegimos	a Elena, a Héctor, a Gabriel
Vosotros elegís	una carta, una ciudad
Ellos eligen	un nombre para el bebé

- **Dedicar algo a algo o a alguien** [alguien] (o d. tiempo, dinero).
  Quiero estudiar español, pero no puedo dedicarle mucho tiempo.

- **Ordenar algo** [alguien] (=poner en orden).
  He ordenado los nombres alfabéticamente.

- **El silencio** (n.).

- **El ruido** (n.).

- **Una raza de algo** (c.p. de perros, de gatos).

- **Distinto** = diferente (adj.).

- **Necesitar algo** [alguien].
  Necesito un bolígrafo, ¿me puedes dejar uno?

TEST 6

EL TEST DEL LAGARTO

1. El lagarto te parece un animal...

   a. Simpático.

   b. Asqueroso.

   c. Extraño.

2. ¿Cuál prefieres?

a. Lagarto

b. Lagarto

c. LAGARTO

d. **Lagarto**

e. Lagarto

3. ¿Qué lagarto te parece que es más atractivo?

a.

b.

c.

d.

e.

4. ¿Dónde llevarías el dibujo de lagarto que has escogido?

a. En unos pendientes.

b. En el estampado de un jersey.

c. En un tatuaje.

5. ¿Tendrías un lagarto en casa?

a. Sí, ¿por qué no?

b. No lo sé.

c. No, de ninguna manera.

RESPUESTA AL TEST:

• Sólo se tienen en cuenta las preguntas 1 y 5.

• Si en 1 has respondido *b* o *c* y en 5 has respondido *a*, eres muy sugestionable. ¡Cuidado con los anuncios de la tele!

VOCABULARIO:

• **Ser asqueroso** [alguien o algo]. *Esa herida es asquerosa, no quiero verla.*

• **Ser extraño** [alguien o algo]. *Mis vecinos son extraños: no hacen ruido, no los ves nunca, encienden las luces de día y todos van vestidos de color rosa.*

• **Ser atractivo** [alguien o algo]. *Es una mujer muy atractiva: cuando pasa por una calle, todos los hombres se vuelven para mirarla.*

• **Escoger algo** [alguien]. *Escoge una carta, guárdatela y yo adivinaré cuál es.*

• **El estampado** (de una tela) (n.).

• **Ser sugestionable** [alguien]. *Los niños son muy sugestionables: ven un juguete por televisión y ya lo quieren.*

• **Un anuncio** (de televisión) (n.).

• **Anunciar algo** [alguien]. *Mañana darán una película por la noche, lo han anunciado antes.*

98 CONVERSEMOS EN CLASE

TODOS LOS CAMINOS LLEVAN A ROMA

Aquí se utiliza la deducción para resolver pequeños acertijos formulados por pistas. Esta deducción puede expresarse mediante las formas propias del español: *no puede ser...*, *tiene que ser...*

En este sentido, es un ejercicio bastante clásico. Sin embargo, el planteamiento rotatorio de las pistas hace posible que puedan participar grupos numerosos.

Curiosamente, la deducción no sólo se basa en las pistas expresadas en las tarjetas, sino también en las respuestas que dan todos los participantes en el juego.

- **Número de alumnos:** Entre 7 y 24.
- **Preparación previa:** Se fotocopian las plantillas sobre cartulina y se recortan todas las tarjetas.

DESARROLLO DE LA SESIÓN:

1. Los alumnos se sientan en círculo. Tiene que haber tantos alumnos como tarjetas impresas, si es necesario se elimina una. Más adelante se incluyen sesiones para 7-8 alumnos y para 11-12 alumnos. Es decir, pueden organizarse sesiones de 7, 8, 11, 12, 15, 16, 22, 23, o 24 alumnos.

2. Se da una pista impresa a cada uno, la leen y aventuran una posible solución para esa pista.

3. Se anotan en la pizarra las soluciones propuestas por cada uno.

4. Cada alumno pasa al compañero de su derecha la tarjeta con la pista, y recibe a su vez una pista de quien se sienta a su izquierda. Se proponen más soluciones, que también se anotarán en la pizarra. Es posible que alguien resuelva el acertijo rápidamente, no importa; lo interesante es pasar por todas las pistas.

5. Cuando todos los jugadores han leído todas las pistas, se comentan sus respuestas y se analizan cuestiones prácticas, lógicas y léxicas. En la ficha del profesor se proponen preguntas adicionales y se da información útil. Algunas preguntas generales pueden ser:

   ¿Quién ha dicho...? ¿Qué pista acababas de leer?

   ¿Es... una buena pista? ¿Qué pista es la más clara?

   ¿Qué habéis propuesto al leer...?

OREJAS

Lo normal es tener dos	Sólo podemos ver las nuestras en un espejo
A nadie le gustan grandes	Es una parte del cuerpo
Algunos se hacen agujeros en ellas	Hay que limpiarlas bien
Sin ellas se puede vivir	Las tienen los hombres y muchos animales

MATERIAL PARA SER FOTOCOPIADO
SOBRE CARTULINA Y RECORTADO

SELLO

Tienen mal gusto	Es un invento inglés
Viajan por todo el mundo	En todos puede leerse su precio
Muchas personas los coleccionan	En España se compran en los estancos
Flores, mariposas, personas, casas... todo cabe en ellos	Tienen dos lados

MARTE

Está a muchos kilómetros de aquí	Es rojo
Solemos verlo en fotografías o por televisión	No es ni el más grande ni el más pequeño de los nueve
Allí no se puede respirar	Nadie ha estado allí
Algún día podremos vivir allí	Los científicos lo estudian

MATERIAL PARA SER FOTOCOPIADO
SOBRE CARTULINA Y RECORTADO

CACAO

Es divertido traducir esta palabra	Se usó como moneda
Se puede comer	Se puede beber
Con azúcar es delicioso	Lo comemos en pasteles, en bombones...
Llegó de América hace algunos siglos	El árbol y el fruto se llaman igual

JUEGOS OLÍMPICOS

Allí van deportistas	No pasa cada año
Se juega al fútbol, al baloncesto, al tenis...	Tienen mascotas
Sólo duran 15 días	Empiezan y acaban con grandes fiestas
Se pueden ver por televisión	Los primeros se celebraron hace muchos años
Todos quieren organizarlos	Hay unos de verano y unos de invierno
Va gente de todos los países	Sólo puede ganar uno

MATERIAL PARA SER FOTOCOPIADO
SOBRE CARTULINA Y RECORTADO

CIRCO

Hay leones	Le gusta a los niños
Está poco tiempo en cada pueblo o ciudad	Hay elefantes

Le gusta a los mayores

Va de un lugar a otro

Allí trabajan artistas

Sus paredes no son de ladrillo

Hace reír

Es emocionante

Allí, todos saben hacer cosas difíciles

Hay caballos

MATERIAL PARA SER FOTOCOPIADO SOBRE CARTULINA Y RECORTADO

CD

Es redondo

Tiene un agujero

Se vende en los grandes almacenes y en tiendas especializadas

Puede usarse como espejo

Tiene mucha memoria

Es resistente

Puede tener pistas

No se raya fácilmente

Vacío es muy barato	Guarda música
Puede guardar mapas, cuadros, libros...	Hace falta una máquina para saber qué guarda

MATERIAL PARA SER FOTOCOPIADO
SOBRE CARTULINA Y RECORTADO

LOS RATONES

En el campo hay muchos	Son pequeños
Tienen bigotes	Son simpáticos
Salen en muchos cuentos	Salen en muchos dibujos animados
Tienen cuatro patas	Tienen buen oído
Sus dientes crecen mucho	Son peludos
Viven pocos años	Se reproducen muy rápido

OREJAS

- Lo normal es tener dos. (*¿Qué tenemos por parejas?*)
- Sólo podemos ver las nuestras en un espejo.
- A nadie le gustan grandes.
- Es una parte del cuerpo. (*¿Qué partes del cuerpo recordáis ahora?*)
- Algunos se hacen agujeros en ellas. (*¿Quién se hace agujeros en las orejas? Diferencias culturales.*)
- Hay que limpiarlas bien. (*¿Qué otras cosas nos dicen nuestras madres que hay limpiar bien?*)
- Sin ellas se puede vivir. (*¿Qué partes del cuerpo son no son vitales?*)
- Las tienen los hombres y muchos animales.

SELLO

- Tienen mal gusto. (*¿A qué sabe un sello?*)
- Es un invento británico. (*¿Sabíais que el primer sello circuló en el Reino Unido?*)
- Viajan por todo el mundo (*¿De quién o de qué podemos decir que viajan por todo el mundo? Algunos animales: ballenas, algunos pájaros...Algunos profesionales: pilotos, azafatas, artistas...*)
- En todos puede leerse su precio. (*¿Qué más puede leerse en un sello? ¿En todos los países es igual? Por ejemplo, en el Reino Unido no se incluye el nombre del país.*)
- Muchas personas los coleccionan. (*¿Es una afición de niños o de abuelos? ¿Qué otras cosas suelen coleccionarse? ¿Qué cosas extrañas colecciona la gente?*)
- En España se compran en los estancos. (*¿Qué más se puede comprar en un estanco?*)
- Flores, mariposas, personas, casas... todo cabe en ellos.
- Tienen dos lados.

MARTE

- Está a muchos kilómetros de aquí. (*¿Sabéis qué distancia aproximada hay entre Marte y la Tierra? 275 millones de kilómetros.*)
- Es rojo.
- Solemos verlo en fotografías o por televisión. (*¿Se puede ver a simple vista como Venus? ¿Lo habéis visto en telescopio?*)
- No es ni el más grande ni el más pequeño de los nueve. (*¿Cómo se llaman los nueve planetas del sistema solar?*)
- Allí no se puede respirar.
- Nadie ha estado allí. (*¿Creéis en los marcianos? ¿Y en los extraterrestres?*)
- Algún día podremos vivir allí. (*¿Os gustaría vivir en otro planeta? ¿Viviríais mejor o peor?*)
- Los científicos lo estudian.

CACAO

- Es divertido traducir esta palabra. (*En inglés: cocoa; en francés: cacao.*)
- Se usó como moneda. (*¿Quién la usó como moneda? Los mayas.*)
- Se puede comer. (*¿En qué tipo de platos?*)
- Se puede beber. (*¿Cómo lo preparáis: con agua o con leche?*)
- Con azúcar es delicioso. (*¿Cómo se llama le mezcla de cacao y azúcar?*)
- Lo comemos en pasteles, en bombones...
- Llegó de América hace algunos siglos.
- El árbol y el fruto se llaman igual. (*¿A qué otros árboles les pasa lo mismo? A pocos, por ejemplo al membrillo.*)

JUEGOS OLÍMPICOS

- Allí van deportistas. (*Enumera algunos.*)
- No pasa cada año. (*¿Cada cuánto se celebra?*)
- Se juega al fútbol, al baloncesto, al tenis... (*¿A qué más?*)
- Tienen mascotas. (*¿Recordáis los nombres de algunas mascotas?*)
- Sólo duran 15 días.
- Empiezan y acaban con grandes fiestas. (*¿Os gustan las ceremonias de inauguración y clausura?*)
- Se pueden ver por televisión.
- Los primeros se celebraron hace muchos años. (*¿Dónde? ¿Qué otros detalles conocéis de los Juegos Olímpicos antiguos?*)
- Todos quieren organizarlos. (*¿Quién organizará los próximos?*)
- Hay unos de verano y unos de invierno.
- Va gente de todos los países.
- Sólo puede ganar uno. (*¿En algún caso gana más de una persona?*)

CIRCO

- Hay leones. (*¿Qué hacen los leones?*)
- Le gusta a los niños. (*Cuando erais pequeños, ¿os gustaba el circo?*)
- Está poco tiempo en cada pueblo o ciudad. (*¿Cuánto tiempo, más o menos?*)
- Hay elefantes. (*¿Qué hacen los elefantes?*)
- Le gusta a los mayores.
- Va de un lugar a otro.
- Allí trabajan artistas. (*¿Qué tipo de artistas? Payasos, domadores, trapecistas, magos, faquires...*)
- Sus paredes no son de ladrillo.
- Hace reír.
- Es emocionante.
- Allí, todos saben hacer cosas difíciles. (*¿Qué números os gustan más?*)
- Hay caballos. (*¿Qué hacen los caballos?*)

UN CD

- Es redondo. (*¿Hay CD con otra forma?*)
- Tiene un agujero.
- Se vende en los grandes almacenes y en tiendas especializadas.
- Puede usarse como espejo. (*¿Lo usáis como espejo?*)
- Tiene mucha memoria.
- Es resistente. (*¿Cuánto puede durar un CD? ¿Y un disco de vinilo?*)
- Puede tener pistas.
- No se raya fácilmente. (*¿Se os ha estropeado alguna vez un CD?*)
- Vacío es muy barato. (*¿Cuánto cuesta uno vacío? ¿Y lleno?*)
- Guarda música. (*¿Cuántos minutos de música puede guardar un CD?*)
- Puede guardar mapas, cuadros, libros...
- Hace falta una máquina para saber qué guarda. (*¿Con qué máquinas se lee?*)

LOS RATONES

- En el campo hay muchos.
- Son pequeños.
- Tienen bigotes.
- Son simpáticos. (*¿Por qué son simpáticos? ¿Os dan asco o miedo?*)
- Salen en muchos cuentos. (*¿En qué cuentos?*)
- Salen en muchos dibujos animados. (*¿Cuáles recordáis?*)
- Tienen cuatro patas. (*¿Qué otros animales de cuatro patas recordáis?*)
- Tienen buen oído. (*¿Qué otros animales tienen buen oído?*)
- Sus dientes crecen mucho. (*¿Qué otros nombres de roedores conocéis? Conejo, rata, cobaya, ardilla, liebre, marmota, castor...*)
- Son peludos.
- Viven pocos años. (*¿Cuántos años viven?*)
- Se reproducen muy rápido.